浙江省高等院校思政示范课程
"互联网"+新形态一体化教材

大学生创业教育

主　编　◎邵　曦　董　舟
副主编　◎丁　磊　倪步唱
编　委　◎台新民　杨水华　任春蕾　巴鑫伟

华中科技大学出版社
http://press.hust.edu.cn
中国·武汉

图书在版编目(CIP)数据

大学生创业教育/邵曦,董舟主编. —武汉:华中科技大学出版社,2023.8(2024.9重印)
ISBN 978-7-5680-9998-1

Ⅰ.①大… Ⅱ.①邵… ②董… Ⅲ.①大学生-创业 Ⅳ.①G647.38

中国国家版本馆 CIP 数据核字(2023)第 164941 号

大学生创业教育
Daxuesheng Chuangye Jiaoyu

邵 曦 董 舟 主编

策划编辑：	汪 粲
责任编辑：	余 涛 汪 粲
封面设计：	廖亚萍
责任校对：	刘 竣
责任监印：	周治超
出版发行：	华中科技大学出版社(中国·武汉)　　电话：(027)81321913
	武汉市东湖新技术开发区华工科技园　　邮编：430223
录　排：	华中科技大学惠友文印中心
印　刷：	武汉市籍缘印刷厂
开　本：	787mm×1092mm　1/16
印　张：	14.25
字　数：	282 千字
版　次：	2024 年 9 月第 1 版第 2 次印刷
定　价：	48.00 元

本书若有印装质量问题，请向出版社营销中心调换
全国免费服务热线：400-6679-118　竭诚为您服务
版权所有　侵权必究

前言

国务院《关于大力推进大众创业万众创新若干政策措施的意见》中指出,推进大众创业、万众创新,是培育和催生经济社会发展新动力的必然选择,是扩大就业、实现富民之道的根本举措,更是激发全社会创新潜能和创业活力的有效途径,是实施创新驱动发展战略的重要支撑。党的二十大报告指出,完善促进创业带动就业的保障制度,支持和规范发展新就业形态。健全劳动法律法规,完善劳动关系协商协调机制,完善劳动者权益保障制度,加强灵活就业和新就业形态劳动者权益保障。《大学生创业教育》一书,是学习与贯彻党的二十大精神并依据教育部"创业基础"课程教学大纲要求编写的,力求使学生掌握创业的基础知识和基本理论,熟悉创业的基本流程和基本方法,了解创业的法律法规和相关政策,激发学生的创业意识,提高学生的社会责任感、创业精神和创业能力,促进学生创业和就业的全面发展。

《大学生创业教育》从创业教育的角度出发,科学地构建了创业概述、创业团队、创业思维、项目来源与评估、产品与目标市场、创业营销策略、创业启动资金与股权设计、创业风险与法务、商业模式、创业计划书等10个章节内容,旨在培养大学生的创业意识、强化大学生的创业精神,提高大学生的创业能力,将创业教育工作贯穿于学生职业教育的全过程。

本教材在内容的编写上设置了"导入案例""拓展阅读"等多个模块,经过归纳、提炼和总结,具有较强的实用性和可操作性,旨在逐步引导学生更好地掌握知识内容,也为潜在的创业者进行创业能力的培养提供教学参考。

在本书的编写过程中,我们参考、引用了部分相关书籍和资料,在此表示衷心的感谢。由于编写时间及作者知识水平有限,本书在编写过程中难免有不足之处,恳请广大师生在使用过程中不吝赐教,批评指正。

本书系 2022 年浙江省思政示范课程建设项目"大学生创业教育"课程建设成果,以及地区数字经济发展对大学生创业行为的影响及作用机制的研究(23BM045YB)的成果。

编　者

目录

第 1 章　创业概述

1.1　创业的内涵和特征　/3

1.2　创业的要素　/5

1.3　创业类型和创业政策　/8

1.4　创业过程　/14

第 2 章　创业团队

2.1　认识创业团队　/19

2.2　组建创业团队　/23

2.3　管理创业团队　/29

第 3 章　创业思维

3.1　管理思维与创业思维　/41

3.2　设计思维　/46

3.3　温州创业精神　/54

第4章 项目来源与评估

4.1 创业资源概述 /62

4.2 项目资源整合 /69

4.3 项目融资 /73

4.4 项目评估 /80

第5章 产品与目标市场

5.1 产品的概念 /88

5.2 产品生命周期 /90

5.3 市场细分 /95

5.4 目标市场选择 /99

第6章 创业营销策略

6.1 创业营销的概念及意义 /113

6.2 创业营销解决什么问题 /115

6.3 创业营销策略规划 /116

6.4 初创企业营销组合策略 /118

第7章 创业启动资金与股权设计

7.1 创业启动资金 /146

7.2 制定利润计划 /148

7.3 创业融资 /152

第8章 创业风险与法务

8.1 创业风险类型 /157

8.2 创业风险预防与管理 /162

8.3 创业法务管理 /169

第 9 章　商业模式

9.1　商业模式的内涵　/176

9.2　商业模式的类型　/180

9.3　商业画布　/189

第 10 章　创业计划书

10.1　全面认识创业计划书　/204

10.2　编制创业计划书　/206

10.3　有效推介你的创业计划　/214

参考文献　/218

第 1 章 创 业 概 述

本章要点

(1) 创业的内涵和特征。
(2) 创业的要素。
(3) 创业类型和创业政策。
(4) 创业的过程。

任正非的创业经历

任正非为华为技术有限公司主要创始人。2003年,任正非荣获网民评选的"2003年中国IT十大上升人物"。如今华为越做越强,用华为产品的人也越来越多,今天我们就来说说华为的创始人任正非。

非极致而不为

众所周知,华为已经跻身世界500强,2018年已经位于第72位。华为并不只是开发智能手机,华为本来是开发交换机,后来也开发IT、无线电、微电子、通信、终端路由器等产品。华为的前景不可限量,任正非和华为也真正做到了非极致而不为。

知识的力量

知识分子家庭的背景让小时候的任正非在那个年代接受了良好的教育,并不负众望考上了大学,在大学期间任正非把电子计算机技术、数字技术、自动控制等专业学完,还自学了三门外语。

大学毕业,任正非参加了相关专业的工作,但因为工作不顺利,任正非在中年的时候选择集资21000元人民币创立了华为公司。创业初期,华为靠代理香港某公司的程控交换机获得第一桶金。1992年,任正非投入C&C08交换机的研发,研发成功的交换机价格比外国同类产品低2/3。这个时候华为在任正非的带领下刚刚起步。

敌人的敌人就是朋友

2003年,思科正式起诉华为及华为美国分公司,理由是后者对公司的产品进行了仿制,侵犯了其知识产权。面对思科的打压,任正非一边在美国聘请律师应诉,一边着手结盟思科在美国的死对头3COM公司。后来,华为和当时已进入衰退期的3COM公司宣布成立合资公司"华为三康",3COM公司的CEO专程为华为作证,华为没有侵犯思科的知识产权。最终,双方达成和解。俗话说"敌人的敌人就是朋友",从成立到现在,华为机智地化解了很多问题。

轮流的CEO制度

任正非设计了华为的CEO轮值制度,每人轮值半年。此举可以避免公司成败系于一人,亦可以避免一朝天子一朝臣。同时任正非为了积极调动员工的工作动力,将公司99%的股份给了员工。

中国的华为

华为不输于苹果、三星这些外国的手机品牌。2018年,华为遭到了美国、澳大利亚、新西兰、英国、日本五个国家的抵制,甚至任正非的女儿也遭到非法扣留,但是华为并没有为此而止步。

任正非靠自己的努力和超高的决策力,还有就是创业最基本的诚信原则,切实地为员工、为华为、为中国着想,不断地创新,才有了今天的成就!

创业是人类的一种普遍的活动,更是社会经济发展的重要体现。在人类跨入21世纪之后,由于经济全球化、信息网络化、科技社会化和知识资本化而更使创业在世界范围内迅猛发展。近十几年来,我国的创业活动更是如火如荼,已经成为全球创业活动最活跃的地方之一。在国家"大众创业,万众创新"的号召下,一个充满机遇与挑战的创业新时期正展现在国人面前。

1.1 创业的内涵和特征

1.1.1 创业的内涵

"创业"一词的两个字分开为两个单音词的词意,可分别解释为:"创",篆文从刀。仓声,是形声字;"业",篆文像古代乐器架子横木上的大板,上面刻有锯齿,以便悬挂钟、鼓等乐器,后引申为所从事的学业、事业、职业、行业、就业、产业、创业、工作等。由此可见,"创"和"业"合起来的"创业"这一双音词是创字当头,业为基础,这就意味着任何一项事业都是一个由无到有、由小到大、由简到繁、由旧到新的创造过程。

如何为创业一词下定义呢?这先要了解一下辞书和名家对创业的解释。

我国的《辞海》对"创业"的解释是"开创基业";《新华字典》对其的解释是"开创事业"。国内外名家学者分别从不同的角度对创业进行了阐释。

霍华德·H.斯蒂芬(Howard H. Steven)认为:创业是一种管理方式,即对机会的追踪和捕获的过程,这一过程与其当时控制的资源无关。并且进一步指出:创业可由以下7个方面的企业经营活动来理解:发现机会、战略导向、致力于机会、资源配置过程、资源控制的概念、管理的概念和回报政策。

杰弗里·A.蒂蒙斯(Jeffry A. Timmons)则认为:创业是一种思考、推理和行为方式,这种行为方式是机会驱动、注重方法和与领导相平衡。

科尔(Cole)把创业定义为:发起、维持和发展以利润为导向的、企业的、有目的性的行为。

史蒂文森(Stevenson)、罗伯茨(Roberts)和古鲁斯贝克(Grousbeck)提出:创业是一个人——不管是独立的还是在一个组织内部——依靠运气追踪和捕捉机会的过程,这一过程与当时控制的资源无关。

赫里斯与彼得斯认为:创业就是通过奉献必要的时间和努力,承担相应的经济、心理和社会风险,并得到最终的货币报酬、个人满足和具有自主性地创造出有价值的东西的过程。

柯兹纳(1973)、莱宾斯坦(1978)等强调:创业就是识别机会的能力,正确地预测下一个不完全市场和不均衡现象在何处发生的套利行为与能力。维斯珀(1983)、加纳(1985)和麦克米伦(1988)强调的则是创业即是创建新组织与开展新业务的活动等。

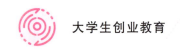

我国海尔集团总裁张瑞敏认为:把一种不可能变成一种可能是创业,通过创新获得经济价值和社会价值的过程也是创业。

以上各位著名学者专家对创业内涵的表述可谓仁者见仁、智者见智。其表述的角度和内涵的包容面虽有所不同,但其基本含义是一致的。综合和借鉴以上对创业内涵的表述,笔者认为:创业是某个人或某个团队,运用个体或组织的力量去寻求机遇,独立地开创并经营一种事业,并由此创造出新颖的产品或服务,实现其潜在价值,满足其愿望和社会需求的复杂的活动过程。例如,我们立志于中华民族千秋伟业,致力于人类和平与发展崇高事业也都属于广义的创业范畴。有目标,有行动,最后实现了价值,人人都可以成为创业者。

1.1.2 创业的特征

1. 创业目的的多样性

每个人做事情都有其目的和动机,创业同样如此,这个目的可能是满足个人基本的生存需要,也可能是追求财富,也可能是追求自身价值和理想,又或许是自由,总之,每个人的创业目的都各不相同,所以,创业目的具有多样性的特征。

2. 创业机会的导向性

创业是基于机会的市场驱动行为,创业活动的显著特点是机会导向。创业往往是从发现、把握、利用某个或某些商业机会开始的;创业活动的机会导向表现为创造价值,即创业意味着要向顾客提供有价值的产品和服务,通过产品和服务使消费者的需求得到实质性的满足。创业活动的机会导向决定了创业活动必须突出速度,所以,需尽快识别机会,并开发和利用机会,实现机会价值。

3. 创业资源的整合性

资源整合是指以最少的投入获得最大的产出。创业活动强调通过各种途径实现对各种资源,如人、财、物、政策等资源的利用。它还包括将过去的资源延伸利用,挖掘被他人忽视的资源用途,利用他人或其他企业的资源实现自身利益,将一种资源补充至其他资源中,以创造更高的组合价值,以某种资源换取另一种资源等。所以,创业具有资源的整合性特征。

4. 创业过程的复杂性

创业具有过程的复杂性特征。创业本身是一个复杂的创新过程,即应创造出某种有价值的新事物。这些新事物不仅对创业者与创业团队有价值，而且对社会也是有价值的。这些，都是创业过程应考虑的复杂问题。创业过程的复杂性还体现为它是一个连续不断，寻求平衡的行为组合。企业要保持发展，必须追求一种动态的平衡，创业者必须认真思考，目前的创业团队是否能领导企业未来的成长，企业在发展过程中可能会遇到的陷阱等。这种动态平衡在企业的不同成长阶段会以不同形式出现，它推动着企业健康，可持续发展。可以认为，创业过程具有复杂性特征。

5. 创业效益的获得性

创业具有效益的获得性的特征。创业所带来的回报是创业者进行创业的最初动机。创业者之所以付出努力、承担风险，其目的在于物质或精神回报的获取。这种回报或是尊重需要、自我实现需要的满足，或是利润和财富的收获。可以说，创业具有效益的获得性特征。

6. 创业活动的风险性

创业具有活动的风险性特征。由于创业是以创造有价值的新事物为特征的，因此，创业的失败率注定会很高。因为，任何一次创业活动都存在着来自各方面不确定因素的影响，这导致创业过程充满了风险，这些风险可能来自财务方面、市场方面，也可能是精神方面或者社会方面，它们可能使创业者为创业所做出的努力付之东流。因此，创业者在创业前有必要做好相应的思想准备，既要看到成功的前景，也要想到失败的可能。而创业者也要提醒鼓励自己，失败并不可怕，要有继续奋斗的勇气和信心，调整心态、总结经验、继续奋斗。应该提示创业者，创业具有活动的风险性特征。

1.2 创业的要素

创业要素主要包括创业主体、创业客体、创业精神、商业机会、创业资源和创业软环境等方面，准确把握创业的基本要素对成功创业意义深远。

1.2.1 创业主体

创业主体是指创业过程中处于核心地位的创业者，即创业的个人或组织（团队）。创业主体在创业过程中起着关键的推动和领导作用，创业者的素质和能力是创业成功的第一要素。其中,创业组织(团队)是协调创业活动的系统,是创业的载体,是资源整合的平台。创业型组织的显著特征是创业者强有力的领导和缺乏企业正式组织结构和规章制度的创业现状。从广义上来说,创业型组织是以创业者为核心形成的关系网络,不仅包括新设组织内的人,还包括这个组织之外的人或组织,如顾客、供应商和投资人。

1.2.2　创业客体

创业客体是指创业的内容(项目),即所创的产品和服务。创业客体是创业者获取利润,创造个人财富,实现人生价值的直接载体。离开了所创的产品和服务,创业就无从谈起,创业必须从有形或无形的创业产品和创业服务中开始。

1.2.3　创业精神

创业精神是指在创业者的主观世界中,那些具有开创性的思想、观念、个性、意志、作风和品质等。创业精神有三个层面的内涵:哲学层次的创业思想和创业观念,是人们对于创业的理性认识;心理学层次的创业个性和创业意志,是人们创业的心理基础;行为学层次的创业作风和创业品质,是人们创业的行为模式。

创业精神是创业的核心与灵魂。创业精神在心理层面是一种思维方式,其基础是创新,在行为层面是发现和把握机会,并且创造价值的过程。哈佛大学商学院对创业精神的定义是:"创业精神就是一个人不以当前有限的资源为基础而追求商机的精神。"从这个角度上来讲,创业精神代表着一种突破资源限制,通过创新来创造机会、创造资源的行为,而不是简单地体现在创造新企业,或体现在创新上。因此,创业精神可以简洁地概括为:没有资源创造资源,没有条件创造条件,用有限资源去创造更大资源。

1.2.4　商业机会

商业机会是创业的导向性要素,创业首先从发现、识别和利用商业机会开始。商业机会就是创业机会。商业机会的捕捉、选取和利用,有可能会直接影响创业起步的成败。机会一般来源于时代的变化、人口特征的变化、政策环境的变化,等等。在全面推进乡村振兴,坚持农业农村优先发展,坚持城乡融合发展,畅通城乡要素流动的大环境下,我们如何牢固树立和践行绿水青山就是金山银山的理念开发创业机会,如农家乐、民宿、农庄、采摘等,站在人与自然和谐共生的角度开发商业机会。在我国快速进入老龄化社会的人口结构变化的背景下,在国家实施积极应对人口老龄化战略时,我们抓住商家发展养老事业和养老产业,优化孤寡老人服务,推动实现全体老年人享有基本养老服务,实现经济价值同时也是实现社会价值。

1.2.5 创业资源

资源是创业中的各种投入,主要包括人、财、物、技术、时间、信息、政策等方面。创业者不可能拥有创业过程中所需要的全部资源,整合资源的能力和资源匮乏下有效成功创业是对创业者素质的极大挑战。

(1)人力资本是创业企业最具活力和创造力的宝贵资源。企业成功的关键主要依托于在创业企业中人力资源积极因素的充分发挥。逐步建立一个高水平、富有战斗力的创业核心团队,设计制订出符合创业企业生命周期特点的组织结构和制度文化,是新创企业人力资源的核心。

(2)资金对于处在不同发展阶段的成长型企业来说都是非常重要的。在企业快速发展时期,资金的缺口将直接限制企业的发展壮大。创业初期,企业的发展资金主要还是靠自己筹措。当然,充分利用国家融资政策,获取必要的企业发展资金也是创业资金的重要来源之一。

(3)技术是企业产品与服务的重要基础。产品与服务当中的技术含量及其所占比例,是企业长期满足社会和市场需求的动力源泉,更是企业核心竞争力的重要体现。

1.2.6 创业软环境

创业软环境是创业者所处的社会制度、舆论、风俗、文化传统、行为准则和时代的精神面貌等。创业软环境就是能对创业者的创业行为产生影响的社会氛围。创业软环境包括主要体现在制度环境、政策环境、市场与法制环境、教育培训环境、情报信息与服务环境、研究与应用环境等方面。创业软环境是创造的外因。虽然内因是决定的因素,外因是促进因素,但它也是极重要的促进因素。如我国正处在加快发展方式绿色转型。推动经济社会发展绿色化,发展绿色低碳产业,倡导绿色消费,推动形成绿色低碳的生产方式和生活方式。那选择绿色创业项目,如开发低碳科技项目就是大势所趋。这些软环境就是我们创业的机会来源和创业项目的选择方向。

1.3 创业类型和创业政策

1.3.1 创业类型

1. 机会型创业与生存型创业

这是依据创业动机划分的创业类型。

(1) 机会型创业。

机会型创业是指创业的动机并非出自谋生或养家糊口,而是为了抓住和利用市场机会,从更大程度上来实现自我的人生价值。以市场机会为目标的机会型创业,能创造出新的市场需要或满足消费者潜在的需求,因而会带动新的产业发展。一个国家机会型创业活动越活跃,反映这个国家的经济发展水平越高。

(2) 生存型创业。

生存型创业是指创业的动机一开始主要是为了谋生的需要,从而促使创业者自觉或被迫地走上创业之路。如我们在脱贫攻坚战时,会鼓励和支持有条件的居民开展创业活动,这时候基本上开发的都是生存型创业,这类创业往往是在现有的市场上寻找创业机会,并不一定在市场上创造新的需求。创业模式大多属于追随和模仿型,因而可能会出现富即安,极难做大做强的创业局面。

2. 创建新企业与企业内创业

这是依据创业起点划分的创业类型。

(1) 创建新企业。

创建新企业是指创业者个人或团队从无到有地创建出全新的企业组织。其自主创业的过程,充满着挑战和刺激,创业个人或团队的想象力、创造力可得到最大限度的发挥,但风险和难度往往比较大,创业者有时会陷入缺乏资源、经验和相关方支持的困境。

(2) 企业内创业。

企业内创业是指一个已经存在的企业,由于产品(服务)、市场营销或企业组织管理体系等方面的原因,需要进行重新改造,比如企业流程再造。企业内创业往往是动态的,正是因为企业内部的二次创业、三次创业乃至连续不断地创业行为,才能使企业的生命周期不断延续。

3. 独立创业与合伙创业

这是依据创业者数量划分的创业类型。

(1) 独立创业。

独立创业是指创业者独立创办自己的企业。其特点在于产权是创业者个人独有,企业由创业者自由掌控,决策迅速。但它需要创业者独自承担风险,创业资源准备也比较困难,在很大程度上将会受创业者个人才能的制约。

(2) 合伙创业。

合伙创业是指与他人共同创办企业。其优劣正好与独立创业相反,合伙人的选择、合伙人之间的相互博弈、责权(利)分配,将可能直接影响企业的有序经营,甚至存亡。

4. 传统技能型创业、高新技术型创业和知识服务型创业

这是依据创业项目性质划分的创业类型。

(1) 传统技能型创业。

传统技能型创业是指使用传统技术、工艺的创业项目。传统技能型创业往往具有永恒的生命力,尤其是酿酒、饮料、中药、工艺美术品、服装与食品加工、修理等与人们日常生活紧密相关的行业,独特的传统技能创业项目表现出了经久不衰的市场竞争力。

(2) 高新技术型创业。

高新技术型创业是指知识密集度高,带有前沿性、研究开发性的新技术和新产品的创业项目。我国目前正构建创新型国家,各类科研机构和高等学校一般都拥有大批高新技术研发人员,他们的科研成果、发明创造和专利技术的市场化运作,必将成为高新技术型创业的孵化园。

(3) 知识服务型创业。

知识服务型创业是指为人们提供知识、信息的创业项目,诸如律师事务所、会计师事务所、管理咨询公司、广告公司等各类知识型咨询服务机构都属于这一类型。

5. 依附型创业、尾随型创业、独创型创业和对抗型创业

这是依据创业方向或风险划分的创业类型。

(1) 依附型创业。

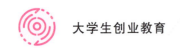

依附型创业可分为两种情况：一是依附于大企业或产业链而生存，为大企业提供配套服务，如专门为某个或某类企业生产零配件，或生产、印刷包装材料。二是特许经营权的使用，如利用麦当劳、肯德基等品牌效应和成熟的经营管理模式，减少经营风险。

（2）尾随型创业。

尾随型创业即模仿他人创业。其特点，一是短期内只求能维持下去，随着学习的成熟，再逐步进入强者行列；二是在市场上拾遗补阙，不求独家承揽全部业务，只求在市场上分得一杯羹。

（3）独创型创业。

独创型创业是指提供的产品或服务能够填补市场空白。如生产的洗衣粉比市场上已有产品的环保性好且去污力强；改革开放后首家搬家服务公司、婚介公司等。独创型创业也可以是旧内容新形式，比如，产品销售送货上门。

（4）对抗型创业。

对抗型创业是指进入其他企业已形成垄断地位的某个市场，并与之对抗较量。这类创业风险最高，必须在知己知彼、科学决策的前提下，抓住市场机遇，乘势而上，把自己的优势发挥到极致。

6. 产品创新创业、市场营销模式创新创业与企业组织管理体系创新创业

这是依据创新内容划分的创业类型。

（1）产品创新创业。

基于产品创新创业是指基于技术创新或工艺创新等创新成果，产生了新的消费者群体，从而导致创业行为的发生。

（2）市场营销模式创新创业。

基于市场营销模式创新创业是指采取了一种有别于其他厂商的市场营销模式，因而有可能给消费者带来更高满足感。如美国联邦快递公司所提供的邮包服务。

（3）企业组织管理体系创新创业。

基于企业组织管理体系创新创业是指采取了一种有别于其他厂商的企业组织管理体系，因而能够更高效地实现产品的商业化和产业化。

7. 初次创业、二次创业、连续创业和衍生创业

这是按创业周期划分的创业类型。

（1）初次创业。

第1章 创业概述

初次创业是一个从无到有的过程,需要创业者理性地思考,确定创业的营利模式,要有明确的利润来源,整合一切可以利用的资源,如原材料、人才、产品、资金、渠道等要素,有效借助外力或外部资源降低创业成本、加快企业成长速度、提高企业创业成功率。由于在初创阶段企业的死亡率较高,因此对于创业者来说,需要具有一定的素质与能力,能够正确审视和面对不同方面的风险,如政策风险、决策风险、市场风险等,要具备足够的应变能力,以随时应对市场的不确定性变化。

(2)二次创业。

二次创业是一次创业的延续,是在企业取得高速增长之后,为了谋求进一步地发展而进行的内部变革过程。因此,二次创业绝不是初次创业简单的延续,而是在初次创业的基础上,搭建企业发展更高的平台和框架,它不仅包含扩大生产规模,提高经济效益,加快技术进步等物质层面,还包括调整结构、创新管理模式,确立新的理念等多层次方面的任务。进行二次创业的企业要想获得成功,就要变革,进行脱胎换骨的改造。

(3)连续创业。

连续创业是一种极为重要的经济和社会现象,是从价值发现到价值创造是否成功的一个重要标志。美国有许多的新企业是由连续创业者创办的。在硅谷"生态系统"中,连续创业者是不可缺少的一环。对于连续创业者与其他创业者的区别,美国克莱姆森大学教授斯图尔特认为连续创业者更愿意冒险,更具成就导向,更倾向于创新。在连续创业者中,苹果CEO乔布斯是其中的佼佼者。在我国,过去由于历史、文化原因,企业家多是"从一而终",少有连续创业者。如今,以季琦为代表的连续创业者接连出现。

(4)衍生创业。

衍生创业是指从已有组织(企业、大学或科研机构)中产生出来的企业,也指在现有组织中工作的个体或团队,脱离所服务的组织,凭借在过去工作中积累的经验和资源,独立开展创业活动的创业行为。

 案例

1955年,晶体管之父肖克利博士离开贝尔验室,在硅谷创建了"肖克利半导体实验室",一时吸引众多极具才华的年轻科学家加入。1957年,实验室的八位杰出的科学家,因不满肖克利的唯我独尊而集体出走,创办了仙童(Fairchild)半导体公司。之后仙童半导体公司利用技术优势,在短时间内便成为硅谷成长最快的公司。同时,仙童半导体公司还成为半导体技术人才的孵化基地,一批批人才从仙童半导体公司跳槽,在硅谷附近创办了众多衍生企业,其中有英特尔、美国国家半导体公司、AMD等知名的大公司。一时间,个人创业成为硅谷的潮流。

在国内,牛根生离开伊利创建蒙牛。李一男离开华为创建港湾网络,都已经成为很著名的案例。

问题

还有哪些案例属于衍生创业案例?

1.3.2 国家针对大学生的创业政策

自主创业的高校毕业生,由公共人才服务机构提供人事代理和人才招聘服务。2年内免收人事代理服务费。享受城市居民最低生活保障的高校毕业生自主创业,前6个月实行渐退制,享受城市居民最低生活保障待遇。

1. 学生创业政策

1) 放宽注册资本登记条件

从2009年起,高校毕业生申办个人独资企业、合伙企业,不受资金数额限制。鼓动高校毕业生依法以知识产权、实物、科技成果等可评估的非货币资产作价出资;允许高校毕业生以股权出资自主创办企业。

2) 放宽经营范围和经营场所限制

法律、法规未禁止的行业和领域全部向高校毕业生开放。按照法律、法规规定的条件、程序允许高校毕业生创业人员以家庭住所(经利害关系人同意)、租借房、临时商业用房、农村住宅等作为创业经营场所,凭有关证明材料进行注册登记。

3) 减免有关行政管理费用

实行高校毕业生创业有关证照免费办理制度。从事个体经营的高校毕业生,符合中央和省有关收费减免政策的,均可享受管理类、登记类和证照类等有关行政事业性收费的优惠政策。

4) 实行优质高效便捷的准入服务

各级工商部门要开通工商注册绿色通道,设立创业注册登记优先窗口,负责高校毕业生创业注册登记事项。

第1章　创业概述

5) 享受税收减免优惠

高校毕业生从事个体经营,销售额(营业额)未达到现行政策规定的增值税、营业额起征点的,不征增值税、营业税;开办其他生产经营服务项目,符合国家规定的,可享受相应税收优惠政策。

6) 实行创业补贴

高校毕业生首次成功地从事非农产业创业,并正常经营3个月以上的,经同级就业服务机构核实、劳动保障部门审核、财政部门复核后,给予一次性创业补贴。其中,个人创业的,给予一次性2000元创业补贴;个人创业并带动2人以上就业的,给予一次性3000元创业补贴,具体补贴办法按市财政局、市劳动和社会保障局就业专项资金使用有关规定办理。

7) 实行成功创业奖励

对2009年创业的高校毕业生,正常经营在6个月以上的,分别按以下办法奖励:

(1) 对个人创办的企业,投资额度在10万元以内的一次性奖励3000元;投资额度在10万元以上,每增加10万元(含不足10万元)另奖励3000元,总奖励金额最高不超过9000元。

(2) 对合伙企业总投资额度不足10万元的,按合伙高校毕业生人数每人奖励3000元,总奖励金额不超过1万元;总投资额度在10万元以上的,每增加10万元(不足10万元的按10万元计算),对所有合伙人另奖励3000元,但对该企业的高校毕业生奖励金额不能超过人均9000元。市、县(市、区)可结合实际开展高校毕业生创业竞赛,对在创业中取得显著成绩的高校毕业生进行表彰奖励,成功创业奖励由同级人事部门核实、财政部门复核后予以奖励。

8) 实行创业吸纳就业岗位补助

高校毕业生创办的企业招用首次就业的高校毕业生,签订1年以上期限劳动合同并缴纳社会保险费的,根据高校毕业生人数和合同期限,按第一年1200元/人、第二年1800元/人、第三年2400元/人的标准给予企业岗位补助。具体补助办法按市财政局,市劳动和社会保障局就业专项资金使用有关规定办理。

9) 实行小额担保贷款扶持

高校毕业生自主创业自筹资金不足的,可申请不超过5万元的小额担保贷款;对合伙经营和组织起来就业的,可根据实际人数和经营项目,按每人5万元以内的额度核定;小额担保贷款期限不超过2年,到期确需延长的,可展期一年。对个人利用小额担保贷款从事规定微利项目的,由财政全额贴息,展期不贴息。对创办劳动密集型小企业且当年新招用城乡劳动者达到企业现有在职职工总数30%(超过100人的企业达15%)以上,并与其签订1年以上劳动合同的,可给予最高不超过200万元、贷款期限不超过2年的小额担保贷款,并按照中国人民银行公布的贷款基准利率的50%给予贴息。具体办法按相关的规定办理。

10) 实行创业培训援助

将有创业愿望和培训需求的高校毕业生纳入创业培训服务范围,按规定落实职业培训补贴,同时免费提供政策咨询、开业指导、融资服务、跟踪扶持等创业服务。鼓励大中专院校、技工学校设置创业课程,开展创业培训和创业实训。

11) 实行人事代理和社会保障服务

自主创业的高校毕业生,由公共人才服务机构提供人事代理和人才招聘服务。2 年内免收人事代理服务费。享受城市居民最低生活保障的高校毕业生自主创业,前 6 个月实行渐退制,享受城市居民最低生活保障待遇。

2. 实施有效的政策扶持

大学生村官全面享受就业创业扶持政策。对已出台的鼓励高校毕业生自主创业的税收优惠、小额担保贷款、资金补贴、场地安排等扶持政策,按照职责和管理权限,进行目标任务分解,认真予以落实。对规定免收的登记类、管理类和证照类等有关行政事业性收费,一律不得再向自主创业的大学生村官收取。鼓励大学生村官以知识产权、实物、科技成果等可评估资产作价出资,允许大学生村官自主创办企业以股权出资融资。

1.4　创业过程

20 世纪 90 年代以来,创业过程成为创业研究的焦点。创业过程是指创业者发现并评估商机,并且将商机转化为企业以及创业者对新创企业进行成长管理的过程。在这一过程中,新创企业组织的创建和发展是核心内容,创业者的所有创业活动都是围绕着企业组织能够良好运行而进行的。这是理解创业活动的一个基本出发点。

当然,面对不同的新创企业,在不同的创业时期,创业活动的侧重点有所不同,这取决于创业者对外部市场以及自身情况的均衡把握。

作为一种复杂的社会现象,创业活动涉及新技术的开发和商业化,资源的合理获取和有效利用,以及一系列复杂的商业活动。因此,不能孤立地看待创业中涉及的某一类经济现象,而需要从整体上来把握创业过程。

一般的创业过程,主要包含以下 5 个方面的内容。

1. 产生创业动机,确立创业意向

创业动机、创业意向是创业的原动力。产生创业动机,确立创业意向是一个自我选择、自我探索的过程。对大多数创业者来讲,产生创业动机,做出创业决定是创业的思想准备和构成创业战略的基础,也是创业过程的基础环节。所以,欲想成为创业者,需培养起创业者的个人特质,形成创业思维,提高创业能力,规划好创业生涯,慎重做出创业决策。另外,高成长性的创业往往通过创业团队来实现,所以,欲成为团队创业者,选择较高素质的创业伙伴对创业成功至关重要。

2. 识别创业机会,把握创业良机

识别创业机会,把握创业良机是对可能成为创业机会的诸事件的分析和对创业预期结果的判断。识别创业机会,把握创业良机是创业过程的核心,也是创业管理的关键环节。对创业者来说,机会意味着可以创造价值和财富的可能性。创业机会识别或感知是创业过程的核心因素。机会具有吸引力强、持久、适时的特征,能满足用户的某种需求,具有商业价值和市场潜力。因此,需要创业者具有独特的机会识别、评价和判断能力。创业者应发挥其创造力,从众多的创意中寻找机会,并评价和做出判断,把握创业良机。这也是实践中创业者和投资者的必备素质之一。

3. 拓展资源渠道,进行有效整合

资源是创业的基础性条件。创业之初,创业者直接可控的资源很少,创业所需的各种资源更多依靠自己的积累,因此创业者应当积极拓展创业资源获取渠道,不仅要广泛地获取创业资源,更要懂得如何使用这些资源。创业活动同其他生产经营活动一样,都需要人、财、物等资源。需要组建优秀的创业团队,创业团队的优劣直接关系到创业是否成功。对于创业团队成员自身,每个人在企业中要做到人尽其位、人尽其职;对创业团队来说,要能够精诚合作、优势互补。创业同样也需要一定的资金支持,如何有效地吸收资金进行创业融资是每个创业者都极为关注的问题。创业融资不同于一般的项目融资,新创企业的价值评估也不同于一般企业的价值评估,因此创业者需要根据自身情况采取适当的融资方式。除此之外,信息资源、管理资源以及政策资源也是创业所需要的,例如,对于新创企业而言,由于企业管理知识的欠缺,管理制度也是新创企业的宝贵资源。在我国的创业环境中,创业活动需要相应政策的引领和鼓励,因此,政策资源也是很重要的。

4. 创立新生企业,促进企业成长

创业者通过资源整合,对创业机会进行开发而创建新企业。创建新企业涉及许多具体工作,包括公司制度设计、企业注册、经营地址的选择、确定进入市场的途径等。有时甚至要在是创建新企业还是收购现有企业等进入市场的不同途径之间进行选择。新企业创立以后,远远不能说创业已经取得成功。新创企业的发展面临着更多的不确定性,各种风险出现的概率远远高于一般的企业,创业者需要时刻关注企业成长过程中出现的技术和市场风险、财务风险、人力资源风险等。战略问题也是新创企业成长管理的重要问题,关系到新创企业战略位置的确立和战略资源的获取。创业者应该了解企业成长的一般规律,预见企业不同成长阶段可能产生的问题,采取有效的措施,提升自身管理能力。

5.体现机会价值,收获创业回报

激励员工积极进取,对风险加以防范,实现机会价值从而促进企业成长。创业者整合资源、创建新企业的目的是体现机会价值,并通过体现机会价值来实现自己的创业目标。随着时间的推移,新创企业经过起步经营,促使"产品、服务、原材料和管理方法"发生巨大革新和效率极大地提高,逐渐步入一个充满商机的市场,并有一定的获利空间,收获创业回报,体现出机会价值,进而实现创业目标。而且,对回报的正当追求更有助于强化创业者对事业的执着。

拒继承家业,凭能力赚钱,
今收购父亲公司成教育界最年轻富豪

在 2019 胡润百学·教育企业家榜上的企业家教育财富均高达 20 亿元以上,其中除了大众熟悉的新东方俞敏洪、好未来张邦鑫等教育界大佬,榜单上还有唯一一位"85 后",年轻富豪,他就是心里程集团创始人彭国远。

彭国远,广东汕尾市陆河人。他的父亲原本是一名教师,后来下海经商成了富豪,他也摇身一变成为妥妥的富二代,高中毕业后就去了英国剑桥留学。虽然家境富裕,但他一直都很节俭,读书期间坚持半工半读。在一家福特汽车站做业务员,从发宣传单开始,到慢慢洽谈业务,彭国远花了几个月的时间才卖出去第一台车。而后他用了 3 年的时间当上了销售总监。

大学没毕业的时候,公司已经为他安排好了房子车子,希望他毕业后能留在英国,但彭国远却毅然选择回国。按正常轨道,彭国远应该进入父亲的家族企业,从基层做起,为以后接班做准备。但彭国远有自己的理想,他对父亲的传统行业并不感兴趣。拒绝继承父业后,他怀揣自己在英国挣到的钱,跑到上海和几个朋友一起注册了一家贸易公司,卖的产品是当时国内还不是很流行的 GPS 导航仪。凭借之前在汽车行业积累的经验和资源,彭国远将产品渗透进各大 4S 店,最后获得巨大利润。但随着市场竞争越来越激烈,销售 GPS 导航仪的利润也慢慢下降,彭国远开始将商业目光转向另一新兴行业。

2009 年,彭国远注册了"心里程"这个品牌,一开始是做平板电脑的,收入很不错,2010 年的时候已经有十几亿的年营业额。不过竞争对手也与日俱增,因为产品同质化严重,最后陷入了打价格战,利润也越来越低。眼看电子硬件产品市场已经变成一片"红海",彭国远开始思考突围之路。一次偶然的机会,他在一家做教育的公司发现教育软件很有市场,便萌生了进入的想法。通过软硬件的整合,最终做出一套综合性教育信息化解决方案,并在教育行业迅速打出自己的名号。2013 年,彭国远成立心里程控股集团有限公司,也是在这年彭国远将父亲的公司收购,并邀请父亲到心里程任 CEO。

在父子俩默契配合下,如今心里程已经发展成一家以电子信息产业为龙头的多元化科技集团,旗下拥有 4 家子集团公司、52 家控股参股公司,产业涉及电子数码、精密制造、移动互联网信息化教育等,在 2019 年中国民营企业 500 强榜上位居第 342 位。

在 2020 胡润全球少壮派白手起家富豪榜上彭国远以 150 亿元人民币,财富名列第 24 位,虽然年纪轻,但彭国远获得的头衔很多,他是广东省的人大代表、政协常委,还被评为广东十大经济风云人物、全国优秀青年企业家、2019 中国经济年度人物。此外,彭国远还一直热衷慈善,是胡润慈善榜上的常客。

问题

(1) 彭国远的身上体现出了哪些创业者的基本素质和能力?

(2) 创业者还应具备哪些基本素质和能力?

思考题

(1) 创业的内涵和特征是什么?

(2) 创业过程分为哪几个步骤?

(3) 请搜索并调研身边创业成功的案例,并分析其创业成功的原因。

第 2 章　创业团队

本章要点

(1) 认识创业团队。
(2) 组建创业团队。
(3) 管理创业团队。

导入案例

三个皮匠与三个和尚

以前听过一个故事:三个皮匠结伴而行,途中遇雨,便走进一间小庙。恰巧小庙也有三个和尚,他们看见这三个皮匠,气不打一处来,质问道:"凭什么说'三个臭皮匠胜过诸葛亮?凭什么说三个和尚没水喝?'要修改辞典,把谬传千古的偏见颠倒过来!"

尽管皮匠们谦让有加,和尚们却非要"讨回公道"不可,官司一直打到佛祖那里。佛祖一言不发,把它们分别锁进两间神奇的房子里——房子阔绰舒适,生活用品一应俱全,内有一口装满食物的大锅,但每人只发一只长柄的勺子。

三天后,佛祖把三个和尚放出来。只见他们饿得要命,有气无力。佛祖奇怪地问:"大锅里有饭有菜,你们为啥不吃东西?"和尚们哭丧着脸说:"我们每个人手里拿的勺子,柄太长送不到嘴里,大家都吃不着啊!"

佛祖嗟叹着,又把三个皮匠放出来。只见他们精神焕发,红光满面,乐呵呵地说:"感谢佛祖,让我们尝到了世上最珍美的东西!"和尚们不解地问:"你们是怎样吃到食物的?"皮匠们异口同声地回答说:"我们是互相喂着吃的!"

第 2 章　创业团队

2.1　认识创业团队

创业团队是高潜力创业企业的关键要素。投资者很容易被有创造力的公司创业带头人所吸引,而且这些投资者愿为拥有优秀业绩记录、万众一心的管理团队下赌注。著名美国风险投资管理专家约翰·多尔曾说过:"在当今世界,不缺少技术、创业者、资金和风险资本,真正缺少的是优秀的管理团队。与拥有一流创意的二流创业团队的企业相比,我更喜欢拥有二流创意的一流创业团队。"在绝大多数案例中,一个企业如果没有一支由两个以上关键贡献者组成的团队,是很难成长的。

2.1.1　创业团队的内涵

中国有两句古话叫"众人拾柴火焰高""三个臭皮匠顶个诸葛亮"。寓意人多力量大,要大家齐心协力,就能产生 1+1>2 的效果。没有团队的创业也许并不一定会失败,但要创建一个具有高成长性的企业,仅仅依靠个人的单打独斗是很难实现的,创业离不开做事的人。

1. 创业团队的内涵

创业关注的核心并不是个人英雄主义的个体创业者,而是卓有成效的创业团队。新创企业既可能只为某个创始人或其亲友提供了就业机会,也可能是一个具有较高发展潜力的公司,而前后两者之间的主要差别就在于是否存在一支高质量的创业团队。

团队是指为了实现共同的目标,由两个或两个以上相互协作、共担责任、共享成果的个体组合而成的工作群体。它通过成员的共同努力能够产生积极的协同作用,团队队员努力的结果导致团队绩效远远大于个体绩效之和。

2. 创业团队(Entrepreneurial Team)是一种特殊的团队

关于创业团队的内涵,不同的视角,有不同的理解。

(1) 从所有权角度分析,创业团队是指两个或两个以上参与公司创立过程并投入一定比例资金的个体的集合体。创业团队中的成员可能投入相同比例的资金,也可能投入不同比例的资金。

(2) 从人员构成的角度分析,创业团队应该包括对战略选择产生直接影响的个体的集合体,也就是应该把董事会尤其是占有一定股权的创业者包括在内。创业团队是参与且全身心投入公司创立过程,并共同克服创业困难和分享创业乐趣的全体成员。

(3) 从参与时间的角度分析,创业团队指的是在公司成立之初执掌公司的人或是在公司营运的头两年加盟公司的成员,但不包括没有公司股权的一般雇员。

3. 基于此,目前学术界对创业团队的界定有以下几种常见的认识

(1) 经过生成创意和实践创意阶段后,决定共同创业并将企业成立的一群人。

(2) 企业成立时执掌企业的人或是在营运前两年加入的成员,不包括对公司没有所有权的成员。

(3) 由那些全身参与企业创建过程、共同分享创业苦乐、全心实现企业成长的成员构成,不包括律师、会计师等部分参与企业创建的外部专家。

(4) 由两个或两个以上的人正式组建并共同分享新企业所有权的群体。

(5) 不仅是创建新企业的群体,还要对新企业具有共同承诺,对战略选择有直接影响的群体。

4. 本书的定义

创业团队是指由两个或两个以上具有一定利益关系的,彼此间通过分享认知和合作行动以共同承担创建新企业责任的,处在新创企业高层主管位置的人共同组建形成的有效群体。

2.1.2 创业团队的关键要素及优劣势分析

1. 创业团队的关键要素

创业团队就是由少数具有技能互补的创业者组成的团队,创业者为了实现共同的创业目标和一个能使他们彼此担负责任的程序,共同为达成高品质的结果而努力。

创业团队需要具备5个重要的团队组成要素,称为5P。

1) 目标

创业团队应该有一个既定的共同目标,为团队成员导航,知道要向何处去。没有目标,这个团队就没有存在的价值。共同的目标把相互依存、相互关联的人维系在一起,使他们得

以更加有效的合作来达成个人和组织的目标。愿景、目标是一个团队成立和持续发展的核心,如总书记在党的二十大报告中,号召全党全军全国各族人民为全面建设社会主义现代化国家、全面推进中华民族伟大复兴而团结奋斗。为了这个共同的目标,所有的中国人都要一起为之努力奋斗。而且目标一定要是坚定的,从一而终的,要不忘初心、牢记使命。

2）人

人是构成创业团队最核心的力量,在一个创业团队中,人力资源是所有创业资源中最活跃、最重要的资源。创业团队的构成是人,应充分调动创业者的各种资源和能力。创业的共同目标是通过人员来实现的,不同的人通过分工来共同完成创业团队的目标,所以人员的选择是创业团队建设中非常重要的一个部分,创业者应该充分考虑团队成员的能力、性格等方面的因素。

3）定位

定位指的是创业团队中的具体成员在创业活动中扮演什么角色,也就是创业团队的角色分工问题。定位问题关系到每一个成员是否对自身的优劣势有清醒的认识。创业活动的成功推进,不仅需要整个企业能够寻找到合适的商机,同时也需要整个创业团队能够各司其职,并且形成良好的合力。

4）权力

为了实现创业团队成员的良好合作,赋予每个成员一定的权力是必要的。赋予团队成员适当权力,主要是基于以下两点。

（1）团队成员对于控制力的追求往往是他们参与创业的一个重要动机。

（2）创业活动的动态复杂性,必须依赖团队成员都需要具有一定的权力来实现目标。

5）计划

计划是创业团队未来的发展规划,也是目标和定位的具体体现。在计划的帮助之下,能够有效制订创业团队短期目标和长期目标,能够提出目标的有效实施方案,以及实施过程的控制和调整措施。这里所讨论的计划可能尚未达到商业计划书那种复杂程度,但是,从团队组建和发展过程来看,计划的指导作用自始至终都是存在的。

一个高效的创业团队,创业伙伴能够聚同化异,各个成员按照"适才适所"的原则定好位,有效授权,做到人尽其才、才尽其用,这样才能实现创业的共同目标。

2. 创业团队的优劣势分析

1）创业团队的优势

共同创业有利于分散创业的失败风险;通过团队成员之间的技能互补可提高驾驭环境

不确定性的能力,从而降低新创企业的经营失败风险;更为重要的是,共同创业具有更强的资源整合能力,能同时从多个融资渠道获取创业资金等资源,保证创业企业的成功。

许多调查显示,团队创业成功的概率要远远高于个人独自创业。

(1) 团队把互补的技能和经验组织到一起,超过个人效能。

这种技能和技巧在更大范围内的组合,使团队能应付多方面的挑战,比如创新、质量和客户服务,并形成一种协同工作的整体优势。

(2) 团队对待变化是灵活而敏感的。

在共同形成明确目标和方法的过程中,团队可以建立起能支持立即解决问题和提出倡议的交流方式。因此。团队能用比个人更为快速、准确和有效的方法打入大型组织的联系网,根据新的信息来调整自己的行为方式。

(3) 团队可加强组织发展和管理实现价值深化。

通过共同努力克服障碍,团队中的人们对相互的能力建立起信任和信心,并加强共同追求高于和超乎个人和职能工作之上的团队业绩的愿望。工作的意义和成员的努力都使团队价值深化,从而使团队的业绩最终成为对团队自身的激励。

(4) 团队有利于营造更轻松愉快的心理环境。

团队的良好氛围与团队的业绩是相辅相成的,它能够使团队的成员愿意为了实现团队的目标而一起工作,并且为了团队的业绩成果而相互充分信任。这种令人满意的心理环境支持并创造了团队的业绩,团队也因优异业绩而得以延续。

没有团队的创业企业也许并不注定失败(事实上也不乏个人创业成功的案例),但是要建立一个没有团队仍具有高成长潜力的企业却是十分困难的。一般而言,个人创业型的新企业成长较慢,因为风险投资者在投资新企业时,都会将团队因素列为重要的评估指标,而不愿意考虑个人创业型的项目。

2) 创业团队的劣势

当然,与个人创业相比,团队创业也有其劣势。主要表现在集体决策时由于共同商讨、统一意见等,可能会导致增加时间成本,拖延决策速度,反而有时候不如一个人决策快;人多就会有利益冲突,当创业团队成员之间不能很好地协调彼此的关系,达成有效共识时,就有可能导致分裂,这将给创业带来意想不到的危机。

📚 案例

《西游记》中的团队精髓

《西游记》中的唐僧团队不仅家喻户晓,而且是中国文化的集中代表。这个团队互补性强,领导有权威、有目标,但能力差点;员工有能力,但是自我约束力差,目标不够明确,有时还会开小差,该团队历经九九八十一个磨难,历经百险求取真经,最后修成了正果。

思考与讨论

如果把唐僧赴西天取经比作一次创业行为,那么唐僧团队的精髓是什么?他们的目标是什么?团队有哪些一致性和哪些互补性?

2.2 组建创业团队

2.2.1 组建创业团队的程序

创业团队的组建是一个相当复杂的过程,不同类型的创业项目所需的团队大小不一样,组建步骤也不完全相同。概括来讲,大致的组建程序如下。

1. 明确创业目标

创业团队的总目标就是要通过完成创业阶段的技术、市场、规划、组织、管理等各项工作,实现企业从无到有、从起步到成熟。总目标确定之后,为了推动团队最终实现创业目标,再将总目标加以分解,设定若干可行的、阶段性的子目标。如二十大报告提出的发展目标是从 2020 年到 2035 年基本实现社会主义现代化;从 2035 年到 21 世纪中叶把我国建成富强、民主、文明、和谐、美丽的社会主义现代化强国。这个是总体的发展目标,然后再分为未来五年目标、八年目标、十年目标,做阶段性的子目标分类。再到每一个具体项目的目标,实现高水平科技自立自强、建成现代化经济体系、基本实现国家治理体系和治理能力现代化等具体目标。

2. 制定创业计划

在确定了阶段性的子目标以及总目标之后,紧接着就要研究如何实现这些目标,这就需要制定周密的创业计划。创业计划是在对创业目标进行具体分解的基础上,以团队为整体来考虑的计划。创业计划确定了在不同的创业阶段需要完成的阶段性任务,通过逐步实现这些阶段性目标来最终实现创业目标。

一份完整的创业计划,必然包含创业核心团队的计划和人力资源计划。通过创业计划可以进一步明确创业团队的具体需求,比如人员的构成、素质和能力要求、数量要求等。创业团队的组建需要契合创业计划的要求,以匹配创业项目的运作。

3. 招募合适的人员

招募合适的人员是创业团队组建中最关键的一步。关于创业团队成员的招募,主要应考虑两个方面:一是考虑互补性,即考虑其能否与其他成员在能力或技术上形成互补。这种互补性形成既有助于强化团队成员间彼此的合作,又能保证整个团队的战斗力,更好地发挥团队的作用。一般而言,创业团队至少需要管理、技术和营销三个方面的人才,只有这三个方面的人才形成良好的沟通协作关系后,创业团队才可能实现稳定高效;二是考虑适度规模,适度的团队规模是保证团队高效运转的重要条件,团队成员太少则无法实现团队的功能和优势,而过多又可能会产生交流的障碍,团队很可能会分裂成许多较小的团体,进而大大削弱团队的凝聚力。一般认为,创业团队的规模控制在2~12人最佳。

4. 团队的职权划分

为了保证团队成员执行创业计划、顺利开展各项工作,必须预先在团队内部进行职权的划分。创业团队的职权划分就是根据执行创业计划的需要,具体确定每个团队成员所要担负的职责以及相应所享有的权限。团队成员间职权的划分必须明确,既要避免职权的重叠和交叉,又要避免无人承担造成工作上的疏漏。此外,由于还处于创业过程中,面临的创业环境又是动态复杂的,不断会出现新的问题,团队成员可能不断出现更换,因此创业团队成员的职权也应根据需要不断地进行调整。

5. 构建创业团队制度体系

创业团队制度体系体现了创业团队对成员的控制和激励能力,主要包括团队的各种约束制度和各种激励制度。一方面,创业团队通过各种约束制度(主要包括纪律条例、组织条例、财务条例、保密条例等)指导其成员避免做出不利于团队发展的行为,实现对其行为进行有效的约束、保证团队的稳定秩序。另一方面,创业团队要实现高效运作要有有效的激励制度(主要包括利益分配方案、奖惩制度、考核标准、激励措施等),使团队成员才能看到随着创业目标的实现,其自身利益将会得到怎样的改变,从而达到充分调动成员的积极性、最大限度发挥团队成员作用的目的。要实现有效的激励就必须把成员的收益模式界定清楚,尤其是关于股权、奖惩等与团队成员利益密切相关的事宜。需要注意的是,创业团队的制度体系应以规范化的书面形式确定下来,以免带来不必要的混乱。

6. 团队的调整融合

完美组合的创业团队并非创业一开始就能建立起来,很多时候是在企业创立一定时间以后随着企业的发展逐步形成的。随着团队的运作,团队组建时在人员匹配、制度设计、职权划分等方面的不合理之处会逐渐暴露出来,这时就需要对团队进行调整融合。由于问题的暴露需要一个过程,因此团队调整融合也应是一个动态持续的过程。在完成了前面的工作步骤,团队调整融合工作专门针对运行中出现的问题不断对前面的步骤进行调整直至满足实践需要为止。在进行团队调整融合的过程中,最为重要的是,要保证团队成员间经常进行有效的沟通与协调,培养强化团队精神,提升团队士气。

2.2.2　创业团队的组建策略

创业团队的组建,没有统一的程式化规程。创业者走到一起,多是机缘巧合,兴趣相同、技术相同、同事朋友,甚至是有相同的想法的人都可以合伙创业。关于创业团队的成员,马云曾经说过:创业要找最合适的人,不要找最好的人。一支豪华的创业团队,所创企业并不一定就是最好的企业。

创建团队就是一个寻找人才的过程。而新企业由于自身的竞争实力难以与成功的大企业相比,而所需的人才又要求较高,这就造成了创业团队的组建困境。创业者如何解决这个问题,是考验其领导才能的关键。创业者在招聘时,并不是高薪就能吸引人才,新创企业的企业愿景、蓬勃的活力和优秀的企业文化才是吸引人才加入的因素。对于想加入创业的人员来说,创业者的个人魅力、公司的发展潜力、长远回报、个人价值等因素对他们的吸引力远比单纯的钱要大得多。组建团队,创业者应遵循以下几个原则。

1. 具有共同理想,利益兼顾

大学生创业时,一般首先会想到邀请与自己志同道合的同学、室友、工作中的同事,形成

创业之初的合伙人团队,这是最初创业团队的形成的方式之一,这样的团队成员往往有共同的理想、技能、兴趣爱好,合伙人之间相互了解,共同奋斗。

2. 技能与优势互补

建立一支互补性的团队有利于公司的发展。在组建创业团队时,应强调补缺资源,实现在性格、能力、观念,甚至是技术上的互补,因为创业者在公司的管理不可能面面俱到。技术性的创业者需要一个管理人才帮助自己建立公司的组织结构来进行日常的绩效监督,财务的管理也需要专业的人员,当创业者自己不能做这些工作时,可以由团队成员共同提出解决方案。这种平衡和补充的作用可以保证新创企业的全面发展。

3. 追求稳定

一开始就拥有一支成功的不变的创业团队是每一个创业者的梦想。但现实是,合伙人分手的概率是很大的,即使企业成功地存活下来并得到发展,创业团队仍然存在分手的可能,团队成员的离去有可能带走股份或被迫收购股权,造成公司的资金紧张。如果团队成员急于离开,创业者就应该考虑是不是公司的管理出了什么问题并及时与团队成员沟通,解决问题。公司发展的初期团队成员的离开有时会造成"灾难性后果",这一点创业者应当在招募时就想到,并与团队成员做出约定。

4. 重视计划与沟通

创业者在组建团队时,首先应制定一份计划,至少应该在心里有一个明确的想法,如需要哪方面的人,希望对方从事什么工作,能够给予对方哪些有利条件等。沟通在"心理学"领域是非常重要的技巧,创业者应当成为一个沟通高手,通过沟通,双方都了解彼此的需要,这样可以更好地找到合适人选。

在创业初期,各项业务开展会遇到障碍,这需要团队成员有充分的准备。若有成员离开,可能会导致新公司倒闭,这时团队沟通就显得格外重要。一方面,通过沟通,可以使团队成员相互了解,增加信任;另一方面,创业者也可以通过沟通理解团队成员的技能优势、思想状态,提前决策。

5. 寻找相同或相似背景的伙伴

创业团队成员之间若有共同理想、相似的背景以及多年的了解,会在集体利益发生冲突时,进行很好的沟通,有利于问题的解决。但这种人员搭配会有些单调。例如,技术类的创业者往往首先找到技术类人才,这是由自己的生活圈子决定的。因此,组建团队应当有完整的团队建设方案,并注重人员的搭配,有意识地跳出自己生活的圈子,寻找一些与自己完全不同的人才,这样更利于创业成功。

2.2.3 相关问题及解决办法

创业团队组建之初,可能彼此都有高程度的承诺与无悔的付出,但随着时间流逝,事业成长,矛盾、认知差距、利益冲突等问题就会逐渐地浮出水面。其中经常会出现的问题有以下几点。

1. 团队中唯一权威主管问题

企业需要权威的主管,同样,创业团队要成功也必须有强势的领导人。但大家一同创业,谁应该是主导者?谁来做最后的决定?当发生严重利害冲突或彼此意见不一致的时候由谁来仲裁决定?在创业企业中,团队的创始人是至关重要的,他必须有创业者的胸怀和品质,有素养和能力来组建团队和发挥团队的作用,并在企业的发展过程中,随时做好团队成员间的协调工作,使团队的整体水平不断提高,以适应企业发展的需要。

2. 团队成员间的相互信任问题

互信是形成团队的基础,而互信往往要经过长期合作才能形成,事实上,自私自利当属大部分人的本性,能义无反顾地将团队利益置于个人利益之上者,恐怕还是少数。因此,盲目地信任团队成员,恐怕也是非常不明智的决定。自相矛盾的是,不能互相信任难以形成团队;盲目互信,却又要冒很大的风险。可见,建立团队成员间相互信任时,既要培养和发展团队中人与人之间的信任,又要建立正常的监督机制,以避免产生用错人的风险。

3. 妥善处理不同意见和矛盾

创业团队成员经常会过于执着于创业构想,极力维护自己的主张,但又同时逃避自己的缺点。这种固执己见、争权夺利、逃避弱点等人性缺点,往往会使团队难以追求问题的最佳解决方案。有的团队成员会非常在意自己的地位与利益,将自己凌驾于团队之上,感性凌驾于理性之上。因此必须有善于倾听意见,并善于概括总结出正确意见的领导者来解决这些矛盾。创业者在组织团队和领导团队时,应体现出高超的领导能力和协调能力。

4. 合理分配股权问题

创业团队成员股权分配也是一个敏感、困难,但又十分重要的问题。尤其当几个人一起创业时,经常会采取平均分配股权的方式,但这种平均主义会带来许多负面后果。如个体贡献与获利不成比例,团队整体力量难以发挥。股权分配本身就是在创建团队时必须首先解决的问题。在企业发展过程中,还需要及时调整股权,使新进人员和企业的主要技术骨干,以及高级管理人员也能合理得到股权。

5. 妥善处理团队成员间利益

除了能否把股权分给对企业发展有贡献的伙伴外,能否及时转让股权以使企业加快发展,也是个重要的问题。是死死守住企业创始人对企业的控制权,还是为了企业发展,可以不要控制权,是注重于绝对控制还是可以考虑相对控制,这些问题都涉及创业者和创业团队的利益,必须妥善处理。事实上,创业的目的不应该是为了掌控新企业,因此自己所拥有股权的比重高低并非关键,关键的是要懂得利用股权交易来增加企业的价值。拥有一个平庸企业100%股权,还不如拥有一家成功企业的20%股权,因为后者的价值往往是前者的数倍。

 案例

谁应该拿更多的股权

以下是一位创业者的来信:

我叫A,我的创业伙伴是B。我手头资金有限,只能出资15万元,B出资30万元。

我准备辞掉手头工作全职投入创业,负责公司的销售。我有客户资源,已经拿到约800万元的合同订单。我会从公司领取8万元年薪。

B目前在一家国企上班,在创业前两年不想加入创业企业,也不拿工资,但会提供技术支持。另外,B已经说服他的朋友C,同意为我们公司投资200万元。B说,他还可以为公司拉到后续融资。

B自己还经营着一家教育培训公司。他不想把这块业务装进创业企业。

我们面临的问题是,我们应该如何分配股权?B想当大股东,占股50%以上。

我的想法是,公司作价1000万元。投资人因已为公司投资了200万元,故占20%,我和B各占40%。

问题

对于我们新创企业的股权分配有什么建议?

2.3 管理创业团队

创业团队对于创业成功具有重要的意义,但并非所有的团队都能获得成功,因此,创业团队的管理非常重要。由于创业团队本身的动态性特征,团队管理就是贯穿于创业团队的整个生命周期的工作。团队管理是一门艺术,要针对具体的情况来灵活进行,但是也有一些普遍性的原则可以使用。

1. 选择

创建团队的第一步就是选择团队成员。这里要解决两个关键问题:该聘用什么样的人?怎样聘用?第一个问题根据企业的具体需求来决定,要考查人员的智力、经验和人际交往能力,不仅要考查其表现出来的能力,还要考查其潜在的能力。具体考查策略可以通过正式招聘程序来进行专业评估,同时通过非正式渠道进行了解。第二个问题可以通过多种渠道来解决,如招聘、猎头公司推荐等。招聘程序尽量做到严格、正规,有完整的招聘流程记录。最终的目的是找到与业务需求相匹配的合适人选。

2. 沟通

沟通是有效管理团队的重要内容之一。没有沟通,团队就无法运转。

其一,沟通使信息保持畅通,实现信息共享,避免因为信息缺失而出现错误的决策与行为。

其二,沟通可以化解矛盾,增强团队成员彼此之间的信任。在长期合作共事的过程中,成员之间难免会有矛盾,缺少沟通可能导致相互猜疑、相互埋怨,矛盾会随着时间的推移越来越大,最后可能导致团队的分裂。

其三,沟通可以有效解决认知性冲突,提高团队决策的质量,促进决策方案的执行。

在企业经营管理过程中,团队成员对有关问题会形成不一致的意见、观点和看法,这种论事不论人的分歧称为认知性冲突。优秀的团队并不回避不同的意见,而是进行充分的沟通和交流,鼓励创造性的思维,提高团队决策质量。这也有助于推动团队成员对决策方案的理解和执行,提高组织绩效。

3. 联络感情

联络团队感情可以保持团队士气和热情,控制情感性冲突,从而提高团队绩效。没有人喜欢在冷漠、生硬、敌对的团队中工作。一要尊重每个人,相互了解并体谅他人的难处。二要抽时间共处,这可以通过组织团队活动来实现。通过组织活动来联络团队感情一定要注意适度,太多的联络活动可能会让人们疲于应付,也让团队不堪重负。组织联络活动还要讲究策略,尽可能地让更多的人积极参与,让大家满意,获得大家的认可。这样才能起到提高团队绩效的作用。三是要有丰厚的回报,包括物质的和精神的。

4. 个人发展

构建一支优秀、稳定的团队,关键之一是给个人提供广阔的发展空间。因此,在团队管理方面,最重要的一项职责,就是要保证团队中的每一名成员都得到发展。这样才能使成员对工作满意,激发工作热情,创造更多的价值。个人的发展,不仅仅依靠经验的积累,还要借助目标设定、绩效评估以及反馈程序等来实现。通过这三个程序,可以激发员工潜力,清醒认识自己的优点和不足,从而改善提高自己,获得更大的发展空间。

5. 激励

激励是团队管理中极为重要的内容,直接关系到创业企业的存亡。对创业团队进行有效激励,可以通过授权、工作设计、薪酬机制等诸多手段来实现。薪酬是实现有效激励的重要的手段,毕竟收益是创业成功的重要表征。在设计薪酬制度时,应考虑差异原则、绩效原则、灵活原则,最终的目的是通过合理的报酬让团队成员产生一种公平感,激发和促进创业团队的积极性,实现对创业团队的有效激励。

 案例

有合作也有制衡的腾讯创业团队

创业团队成员应该有互补性,并且能够拥抱时代发展变化。腾讯的 5 人创业团队内部

第 2 章 创业团队

有合作也有制衡,对外马化腾知名度很大,但是对内又是相对民主的,就像资本主义的三权分立,大家都是老板。

这 5 人早年就是同学或同事,所以互相都知根知底,马化腾根据各自特点分工,确定各自出资和占有股份的多少。马化腾虽然一股独大,但并不绝对控股,这使得腾讯的创始人团队从一开始就形成了民主决策的氛围。后来,当腾讯公司发展到数千人的规模时,这种民主决策的风格仍被保留了下来。谢文曾经参加过腾讯公司的会议,留给他的印象是"集思广益,是投票表决,是专业的,是公正的。"

马化腾要求每个中层管理人员为自己"备份"副手,腾讯的高层也一直保持着这样的配备模式。早期,在创业团队中负责研发的张志东和负责市场的曾李青是力量最突出的一对,2004 年上市之后,腾讯进行了一轮大规模的职业经理人引入。2006 年,公司进行了事业部改造。接着,公司业务划分为互动娱乐、互联网业务、无线和网络媒体四大板块,公司创始团队的部分权力下移,职业经理人的权限得到提高,刘炽平被任命为总裁,其具有的投资银行背景为腾讯获得香港资本市场认可,并进入恒生指数立下大功。

腾讯刚创办的时候是 5 人决策小组,相应的组织结构分 4 块,除马化腾外,其他 4 位创始人每人单独管理一块:张志东管研发,研发分客户端和服务器;曾李青负责市场和运营,主要和电信运营商合作,也外出找一些订单;陈一丹管行政,负责招人和内部审计;许晨晔管对外的一些职能部门,比如信息部、对外公关部都属于他的管理范畴,最开始的网站部也在他的管理范围内。

当时担任公司首席运营官的是曾李青,在此之前,他负责整个腾讯公司的市场业务。在腾讯的组织架构调整之后,当时公司出现了首席执行官、总裁和首席运营官共同存在的局面,同时,权力下放事业部。曾李青的权力被分散,不久后他辞去了在腾讯的职务。此后,创始团队中的许晨晔也曾经有意淡出,不过受到马化腾的挽留。许晨晔性情温和,从不急躁,亲和力很强,善于与不同的人沟通,做决策会充分考虑到不同人的看法。马化腾需要他在团队中起到润滑剂的作用。

现在,除了曾李青,四位创始人都还留在公司,公司最核心的 12 人决策机构总裁办公会里形成了创始人和职业经理人各半的局面,新的权力平衡在腾讯高管中形成。

在中国互联网公司里,创始人与空降职业经理人之间的关系很难平衡,往往会发生激烈冲突,网易的丁磊曾经引入职业经理人,又自己将其驱逐,搜狐张朝阳也同样如此。马化腾在人事调整上的节奏把控相当到位,这使得腾讯在引入职业经理人和创业元老的退出过程中没有发生任何激烈的"流血"事件。对于在腾讯空降的职业经理人,马化腾的评价是"融入得很好"。

唯一离开公司的创始人曾李青离开得也很潇洒,在腾讯公司的官方网站上,他仍然以终身名誉顾问的身份排在高管列表之中。腾讯的创始团队组合的稳定性和职业性在中国互联网历史上仅有携程创业团队可以与之媲美,携程梁建章、季琦、沈南鹏、范敏四人创业团队先后轮番担任公司CEO,但公司却依旧保持高速稳定发展。

每次腾讯面临一个重大决策时都是从争吵开始,却不是以"一言堂"结束。就是马化腾的"从众"式妥协,把腾讯带入意想不到的成功轨道。例如,对于在网络游戏中销售用户虚拟形象,马化腾刚开始并不看好,提出一系列的质疑,内部曾经激烈地争吵。QQ秀、QQ会员的系列产品,现在占腾讯总收入来源的70%。

决策矛盾是经常可能遇到的,但处理起来并不算困难。如果一个方案未进行可行性论证,马化腾会要求大家拿出具体的论证与执行方案,等到落实到行动方案的时候,问题和机会都会非常明了,也更便于管理团队做出最合理的决策。QQ秀最初立案时就遇到过很多质疑,包括马化腾本人也持怀疑态度,因为在那个时候,虚拟形象还没有商业化的先例,但最终把方案拿出来一看,大家都有信心了。

为了将团队合作精神发扬光大,马化腾在企业内部构筑了通畅的沟通渠道。从公司高层到中层,再到基层员工,都需要通畅的沟通渠道,同时创业团队与站在行业前沿的同行和专家也保持着密切的沟通。高层管理团队在各自的专业领域中都有很深的造诣,比如有的人对前沿技术比较敏感,有的人对市场机会的把握更强,有的人更擅长组织变革。团队成员相互影响、互相学习。

在管理上,马化腾学习的一个对象是华为,华为在电信服务、产品意识、组织管理上都给腾讯很大的借鉴,有内部人士说腾讯不仅仅是学华为,也学惠普、微软。这是一种实用主义的学习,但不管怎样,华为的大公司管理机制还是带给腾讯带来不少好处,不少互联网公司从几百人到几千人的管理冲突,并没有在腾讯身上发生。

随着腾讯朝着"超级竞争"的迈进,马化腾这种温和改良型的强人哲学也面临着"超级挑战"。公司规模越来越大,诸侯割据的大企业病变得严重,在公司做的内部人员满意度调查中,跨部门的合作总是被认为"很累,很难去做",马化腾将总裁办公室下属的战略研究部扩张到了数十人,他寄望这样的智囊团组织能够在理顺内部格局方面也能发挥作用,马化腾希望能够将冲突放到桌面上讨论,然后由智囊团组织从公司整体利益的角度来做出公允判断,马化腾从一个技术专家变成了一个颇有智慧的管理高手。

思考与讨论

腾讯创业团队的互补性体现在哪里?给你组建创业团队带来哪些启示?

第 2 章 创业团队

 扩展活动

蒙眼排队

活动目标:理解团队和团队精神的内涵,学会沟通和团队协作。

活动过程:

(1)小组成员在一个空场地围成一个圆圈站好;

(2)指导教师宣布:开始2分钟的小组沟通(没有任何明确的任务);

(3)沟通时间到了以后,要求摘下眼镜,给每个成员分发眼罩;

(4)要求每个成员戴上眼罩,原地转2圈;

(5)指导教师给小组成员分发号码牌(事先准备好),并让成员确认自己的号码,然后检查眼罩佩戴情况,防止作弊;

(6)宣布任务:请小组成员在3分钟的时间内,按号码牌的大小,依次排成一队,在排队过程中,不允许发出任何声音;

(7)其他学员观察排队结果;

(8)换另外一个小组,重复以上步骤,对比两组的过程和结果;

(9)参与活动者与观察者代表做总结发言。

棉花糖塔

活动类型:团队建设。

活动时间:40分钟。

活动道具:放在牛皮纸袋中的20根未经煮熟的意大利面条、胶带、1米长的用手易弄断的细绳(若绳子太粗则配备剪刀)、湿软的标准尺寸的棉花糖。

教师工具:测量尺、码表或倒数计时应用(最好投射在屏幕上,以便学生及时看到倒数计时,也可以在计算机上使用在线码表)。

活动目的:通过具体活动来说明,熟练运用团队分工协作的方法可以使创业活动达到更好的效果。

游戏描述:小组竞争(大约4人一组),看哪一组能运用现有材料建造最高的独立结构来支撑顶端的棉花糖。获胜小组是指课桌最高表面到棉花糖顶部距离最长的结构的创造小组(不能从更高结构上悬挂,如椅子、房顶或吊灯),通过练习用来例证在不确定环境中,创业者采用试验和迭代学习的方法,发现有关环境的信息,强调进入新的未知环境时市场测试和实

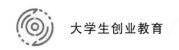

验的重要性。

注意事项:

(1)整个棉花糖需位于结构的顶部,切除或者吃掉部分棉花糖意味着该小组资格取消。

(2)按照自己的选择使用工具中的材料,但是不能使用纸袋作为结构的一部分(如可以全部使用20根意大利面条,也可以不全部使用,细绳或胶带也是如此)。

(3)依据自己的选择,可自由折断意大利面条、细绳或胶带来创造新结构。

(4)挑战时长为18分钟,当时间截止后,继续搭建的小组将被取消资格。

(5)一定要确保每个人都了解规则,至少要重复3次,正式开始前询问是否有人不明白规则。

游戏步骤:

• 第一步(5分钟)

将工具箱分发给每个组,介绍任务挑战,解释清楚棉花糖挑战的目标和规则,告诉学生们在全球范围内已经有好多人完成过这个挑战,人群分布从儿童到成人。

• 第二步(18分钟)

(1)启动闹钟开始挑战,并在教室内走动观察不同小组采用的流程。

(2)提醒各小组时间,当时间变短后,提高提醒频率(可在距离最终时间9分钟、5分钟、3分钟、2分钟、1分钟、30秒和之后每隔10秒各提醒一次)。

(3)大声说出各小组是如何做的,让所有小组知道其余小组的进展情况,建立一种友好的竞争氛围,并鼓励人们环视四周。

(4)提醒各小组若对塔结构采用人工支撑的话将被取消资格,获胜的塔结构必须是稳定的(小组通常会在最后的时刻将棉花糖置于塔结构顶部,往往会导致结构被压垮,因此在最后会有强烈的愿望人工支撑塔的结构)。

• 第三步(2分钟)

(1)闹钟计时结束后,要求所有成员坐好(通常约有一半的小组搭建出稳定的结构)。

(2)按照从最矮到最高的顺序测量站立结构,并大声喊出其高度,并找人记录高度数据。

(3)确定获胜小组(确保他们获得大家的认可以及获得一个奖品)。

• 第四步(15分钟)

教师基于在挑战过程中观察到的小组活动情况,询问某些小组搭建结构的流程。

注意:通常会注意到花费大量时间计划而最终失败的小组。那些通过试错进行试验和学习的小组一般会做得更好。

例如:在搭建结构时你们使用了什么流程?

——关注他们花费大量时间进行计划和草绘,还是试错什么出了问题。

——突出与未知因素有关的问题,如意大利面条能承重多少或相对于结构来说棉花糖是否过重。

你如何应对这种情况?

——指出事实:缜密的计划没有给从体验中进行调整和学习留下多少空间,由此导致了"危机"。

注意:在成功的团队中重复上述问题,努力捕捉各小组之间的差异和共性。挑战的创造者对不同类型的小组展开的多次挑战发现:

(1)最佳执行者一般是工程师;

(2)最差执行者一般是刚毕业的商学院学生;

排在工程师之后的最佳执行者是刚毕业的幼儿园学生。

关键要点:

(1)在不可预知的环境中,采取行动要胜于制订计划。

(2)从小规模试验和试错中学习,可以产生更独特的方案(特别是当未来不能预测时)。

(3)失败可以为改进产品或服务提供重要的经验。

 延伸阅读

一、找好三种人,组建起你的第一支创业团队

组建团队第一步:评估你的合伙人。

第一个极其困难的步骤就是评估你的合伙人。在这个阶段,人员的素质将决定公司后续发展的DNA。坚决执行这个步骤至关重要。

哪怕只有一个人的表现不合格,都有可能破坏整个团队。如果组建的团队里有一两名比较平庸的成员,很快你就会知道自己组建的团队只是一个平庸的组织而已。

扪心自问:这些人是不是能与之一起共事的最佳人选?如果答案是肯定的,这说明是时候分派角色、划分职责了。

搞清公司股权结构,这个也非常重要。它将有助于避免公司未来发展道路上可能会遇到的法律问题,而解决这些问题的成本是昂贵的。

顾问:五种类型必不可少。

对于任何一家初创公司,五种类型的顾问必不可少:营销专家、行业内人脉广泛的人、行

业内的名人、相关权威和技术专家。

随着业务量的增长,如果发现因为时间不够用或者缺乏专业知识,造成完不成任务的后果,就是这些顾问发挥作用的时候了。确定你及你的合伙人缺少的技能,然后寻找兼职顾问及承包商,由他们来填补空白。接受任何顾问的帮助,都应签署一份法律协议,保证公司机密不会外泄,并确保任何工作中所产生的权益都归你所有。

招聘第一个全职员工。

什么时候应该聘请你的第一个全职员工呢?通常情况下,要看你的财务状况。一般你获得资金的时候,不管是天使投资,还是银行贷款,就该增加人手了。

招聘员工时,要想想他们是否具备在初创公司获得成功的能力。在全新的公司里,业务流程和角色往往不是一成不变的,随机应变是员工必须具备的能力。对于那些在大公司工作时间太久的人,并不一定适合在初创公司工作。

最后,你必须找到那些在尽力做好自己本分工作之余,还能为实现公司更大利益而努力工作的人员。那些拥有明显优势的人,身上也存在着一些显而易见的弱点。但作为一支团队,他们以特有的方式运作,大部分创始人想要团队能够和谐相处。要注意的是,过于和谐的团队,有可能没办法创造出卓越的绩效。

二、谁应该来做老大

阿创来信:

我叫阿创,我的创业伙伴是阿发。我手头资金有限,只能出资15万元,阿发出资30万元。

我准备辞掉手头工作全职投入创业,负责公司的销售。我有客户资源,已经拿到约800万元的合同订单。我会从公司领取8万元年薪。

阿发目前在一家国企上班,在创业前两年不想加入创业企业,不拿工资,但会提供技术支持。另外,阿发已经说服他的朋友阿投,同意为我们公司投资200万元。阿发说,他还可以为公司拉到后续融资。

阿发自己手头还经营着一家教育培训公司。他不想把这块业务装进创业企业。我们面临的问题是,我们应该如何分配股权?阿发想当大股东,占股50%以上。我的想法是,公司作价1000万元。投资人阿投为公司投资了200万元,故占20%,我和阿发各占40%。阿律对于我们初创企业的股权分配有什么建议?

阿律回复:

先整理"潜在水面下"的思路,再讨论"浮在水面上"的技术操作方案。

1. 思路整理:谁是老大

阿创的描述与思路都挺清晰的。我尝试再做些整理。

阿创与阿发形式上是股权分配问题,本质上是"谁是老大"的问题,这是创业企业早晚都会遇到的问题。

阿创对创业企业投入的资源有全职工作、客户资源、市场销售与出资。阿发对创业企业投入的资源有技术、出资与拉融资。创业企业所需的团队、技术、销售与资金,你们两人看起来似乎都搞定了。你们两人功力看起来都还不错,也能互补。但是,互相都很难敬服对方为老大。你们双方在股权分配上卡壳,其实是在"谁是老大"问题上卡壳。阿创可以选择"老大路线",也可以选择"追随路线",或"老二路线"。你们双方可能还会在磨合中调适自己的位置。阿创选择哪条路,可能得分析双方的能量和资源,别人替你拍不了板。

2. 技术操作:股权分配

思路理清了,股权分配的技术解决方案也就破局了,其实就是阿创自己已经提到的"估值"。

首先,是外部投资人阿投的持股比例问题。这取决于投资人对创业项目的估值。企业估值理论五花八门,有看预期收益的,有看同行的,也有看资产的。初创企业的估值主要取决于创业项目预期的成长性。虽说很难有包治百病的计算方法,但风险投资阶段比较常见的出让股权区间是15%～25%。比如,如果创业企业在投资人进来前整体估值为800万元,投资人投资200万元,则投资人持股比例为20%【计算方式:200/(200+800)×100%】。

然后,是阿创与阿发的持股比例问题。需要说明的是,你们双方的实际货币出资额(15∶30)仅仅是你们双方投入创业企业的初始投资,也仅仅是创业企业发展所需各种资源拼图中的一块。因此,双方出资只是确定你们双方持股比例的参考因素,并不是唯一因素。换言之,你们双方的货币出资比例是1∶2,但你们的实际持股比例却可以是2∶1。专业人士们可以协助你们合法地实现这个目标。

法律层面的持股比例只是技术实现的结果,核心问题是如何估值你们双方投入创业企业的资源,也就是前面提到的"老大问题"。你们双方确定了"老大问题",确定谁相对控股后,可以参考投入企业的资源确定双方的持股比例。比如,如果阿创、阿发与阿投最终协商确定的持股比例是5∶3∶2,可以考虑将公司的注册资本设定为30万元。阿创15万元出资全部进入注册资本,阿发的30万元投资款中的9万元进入注册资本,投资人阿创的200万元投资款中的6万元进入注册资本,剩余的出资全部进入公司资本公积金。如果公司今后有增加注册资本的必要,各方再按照这个持股比例增加即可。

最后,需要说明的是,如果核心创业成员不全职参与创业,其他成员全职参与创业却与最终的利益不匹配,将来会有纠纷隐患。

思考题

(1)简述创业团队的关键要素及优劣势。

(2)创业者组建创业团队应遵循哪些原则?

(3)为什么团队创业成功的概率要远远高于个人独自创业成功的概率?

第3章 创业思维

本章要点

（1）管理思维与创业思维。
（2）设计思维。
（3）温州创业精神。
（4）国际化创业思维。

导入案例

斯坦福大学 5 美元大挑战

斯坦福大学的课堂上，Tina Seelig 教授做了这样一个小测试：她给班上的 14 个小组分别发了一个装有 5 美元的信封，作为任务启动基金。学生们有 4 天的时间去思考如何完成任务，当他们打开信封时，就代表任务启动。每个小组需要在 2 个小时之内，运用这 5 美元挣到尽量多的钱，并且在下一节课上进行 3 分钟的展示。

当教授在课堂上第一次向同学们提出这个活动时，底下传来了这样的回答："拿这 5 美元去拉斯维加斯赌一把！""拿这 5 美元去买彩票！"这样的答案无疑引来了全班同学的哄堂大笑。这样做并不是不可行，但是他们必须承担极大的风险，也几乎是不可能完成的。

另外比较普遍的答案是先用初始基金 5 美元去买材料，然后帮别人洗车或者开个果汁摊。这些点子确实不错，赚点小钱是没问题的。不过有几组想到了打破常规的更好的办法，他们认真对待这个挑战，考虑不同的可能性，创造尽可能多的价值。挣到最多钱的几个小组几乎都没有用上教授给的启动基金，也就是 5 美元。他们意识到：把眼光局限于这 5 美元会减少很多的可能性。5 美元基本上等于什么都没有，所以他们跳脱到这 5 美元之外，考虑了各种白手起家的方法。他们努力观察身边有哪些人还有未被满足的需求。通过发现这些需求，并尝试去解决，前几名的小组在两个小时之内赚到的钱数超过了 600 美元，5 美元的平

均投资回报率竟然达到了4000％。对于这些没有用到启动基金的小组，可以说他们的投资回报率是无限的！

他们是怎么创造这些奇迹的呢？

有一个小组发现了大学城里的一个常见问题——周六晚上某些热门的餐馆总是排长队。发现了这个商机后，他们向餐馆提前预订了座位，然后在周六临近时间将每个座位以最高20美元的价格出售给那些不想等待的顾客。那一晚，他们观察到了一些有趣的现象：①因小组里的女学生比男学生卖出了更多的座位，可能是女性更具有亲和力的原因，所以他们调整了方案，男学生负责联系餐馆预订座位，女学生负责去找客人卖出这些座位的使用权；②当餐馆使用电子号码牌排队时，他们更容易卖出这家餐馆的座位，因为实物交换让顾客花钱之后得到了有形的回报，顾客感觉自己所花的钱物有所值。

另一个小组在学生会旁边支了个小摊，帮经过的同学测量他们的自行年轮胎气压。如果压力不足的话，可以花1美元在他们的摊位充气。事实证明：这个点子虽然简单但有可行性，同学们虽然可以方便地在附近加油站免费充气，但大部分人都乐于在他们的摊位充气，而且对他们所提供的服务都表示了感谢。不过，摊子摆了一个小时之后，这个小组调整了他们的赚钱方式，他们不再对充气服务收费，而在充气之后向同学们请求一些捐款。就这样，收入一下子提升了！这个小组和前面那个出售预订座位的小组一样，都是在实践的过程中观察客户的反馈，然后优化方案，取得了收入的大幅提升。这些小组的表现都很不错，班内其他同学对他们的展示也印象深刻。

有一个小组认为最宝贵的资源既不是5美元，也不是2个小时的赚钱时间，而是他们周一课堂上的3分钟展示。斯坦福大学作为一所世界名校，不仅学生挤破了头想进，公司也挤破了头，希望在里面招人。这个小组把课上的3分钟卖给一家公司，让他们打招聘广告。就这样简简单单，3分钟赚了650美元。他们发现：他们手头最有价值的资源既不是去售卖自己的时间，也不是去卖面子，而是售卖他们班上的同学——这些人才才是社会最需要的。这种思维方式，就是现在人人都在追求的"think outside the box"（格子外思维）。

思考与讨论

（1）设计思维的理念和方法，站在用户的角度，怎样用同理心感受用户的问题，发现用户的痛点？

（2）人人都应有创造力自信，突破思维的约束，请老师设定一个情境，学生分成小组并利用格子外思维，通过发散和聚敛，形成最终的创意方案。

3.1 管理思维与创业思维

3.1.1 管理思维与创业思维的区别

思维方式是指看问题的角度和层次，角度是指看事物的广度，层次是指看事物的深度。多角度多层次看事物，才能更准确的认知事物。如同盲人摸象，不同的人接触到大象身体的不同部位会得出不同的结论，对大象的认知就产生了差异。其次我们每个个体在了解事物、认知事物的过程中就如同盲人摸象，因为我们每个人的认知都是有局限性的，我们只能尽可能地尝试多角度、多层次地去探索认识事物，尽可能地去认知理解新事物。因此，我们必须要学习多种不同的思维方式。

思维方式决定行为方法，不同的思维方式会有不同的行为选择。大家都有过出门旅行的经历，一般人们通常会选择两种方式去旅游。第一种是找旅行社安排出行。旅行社会根据你的时间和经济投入提前安排好所有的路线、景点、住宿、饮食、购物等，我们只需要支付规定的费用，然后就一切听安排，跟着导游的路线上车、下车、吃饭、逛景点、住酒店等。第二种是自助游，就是有自己做攻略安排出游。首先目的地不是非常明确，选择一个说走就走的旅游，选择自己感兴趣的景点和方向开始行动。在旅游过程中，我们可以根据情况，随时做出调整和新的选择，酒店、饭店、景点、交通工具等设计都是随机的，都如同拆盲盒一样充满期待和新奇，我们的整个旅行的路线和看到的风景都充满了不确定性，拥有更多的个人体验和不确定的惊喜。找旅行社安排出行代表的就是一种管理思维，即目标确定，资源固定，依据计划去执行，一切都非常明确。优点是我们不用担心意外，不用承担不确定性和风险，这符合我们大多数人的选择，因为大部分的人喜欢确定的状态，习惯了舒适区（Comfort Zone）；不足的地方是我们缺失了探索未知景点的机会，对景点对整个安排波澜不惊，为了景点而行动，而不是为了旅行这个行动本身，整个旅程会比较平淡，而且大多数好风景都在没有人去过的地方。我们失去了自由和灵性，因为我们的整个行程是被安排的。相反，自助游代表的是一种创业思维，从我们拥有的资源开始启程，如我们大概有多少时间预算和资金预算，然后不用做特别具体详细的计划，沿途选择不同的风景，去探索和冒险，在旅途的过程中完全可以根据当下的环境和心情调整行程，调整目的地等，通过创造性整合资源（实际上，旅游和你拥有的资金没有必然的联系),最终你就会看到很多人没有看到的风景,体验到很多跟团旅行没有感受到的异样风情,却并没有想象中付出那么多资金,主要是我们在旅行过程中不断地做攻略,不断地调整变化,就是付出了好奇心、风险和创造,真正实现了旅行的意义。创业活动往往并没有完全充分的资源,每个人手中的资源也不是齐全的,并没有达到万事俱备只欠东风的程度,基本上都是有限的,而且创业最终的目的地也没有那么明晰和明确,实施路径更是没有标准和唯一,创业一路走来要经历各种不可控的事件,正因为诸多的不可控和多变性,才让创业变得那么迷人,那么趋之若鹜。因此在从事创业行为时,思维方式的选择上创业思维是更适合的,当然也不是唯一的选择。两种思维方式并没有绝对的优劣或者先后,在很多时候是可以一起用的。例如,为实现全面建成小康社会这个中华民族的千年梦想,我们需要寻找各种资源去实现,这个时候是管理思维,基于我们当前的国情,基于我们各个地方的经济发展水平和不同地区的资源,我们寻找多途径多方式去完成脱贫攻坚战,这个是创业思维。

管理思维与创业思维的区别如下。

管理思维:

(1)从1到N(对已知旅游景点的验证);

(2)目标确定(明确的旅游路线);

(3)直到拥有资源才开始行动(准备好预算再出发);

(4)大计划(做详细攻略);

(5)预测(验证已有的路线)。

创业思维:

(1)从0到1(对未知旅游景点的探索);

(2)目标不明确(大致的旅游方向);

(3)从拥有的资源开始行动(一边走一边想办法);

(4)小行动(说走就走);

(5)创造(创造出属于自己的路线)。

创业者在创业过程中并非一直采用一种固定不变的决策方式。随着企业的成长和新市场的打开,创业者凭借丰富的创业经验来判断转折点何时出现。创业思维和管理思维不是严格割裂开的。创业者在企业初创阶段,运用更多的是创业思维;而在企业运行阶段,对于职业经理人来讲,运用更多的是管理思维。无论是在企业初创阶段还是运行阶段,只有灵活地将两种思维方式进行融合,才能使企业更具生命力,并在竞争中立于不败之地。创业者和职业经理人承担的责任和思维方式不同,其在企业经营的不同阶段也表现出不同的管理方式。在企业发展中,初期主要是基于创业思维的初创企业管理,后期主要是基于管理思维。创业思维并不一定比管理思维更优秀,它们应用于不同的情境之中。大多数人习惯用管理思维。由于我们处于一个变化的环境中,所以我们更强调创业思维。创业思维的起点是行动,但不是盲目的行动。在行动前需要设计与假设,这些假设正是来源于过去的经验以及对未来的判断。管理思维强调计划与执行,如果未来可以被确定地预期或出现与过去相似的情况,那么管理思维依然是个好方法;如果在行动计划或执行过程中遇到各种变化,这时就需要运用创业思维。新时代的大学生要敢于改革顶层设计,敢于突进深水区,敢于啃硬骨头,敢于涉险滩,敢于面对新矛盾、新挑战,冲破思想观念束缚,敢于打破格子思维。

3.1.2 创业思维的特征

1. 积极主动

第一,由内而外。创业思维解决了很多人想创业但是资源不足的顾虑,创业思维鼓励从个体所拥有的或者可以掌控的资源开始。发现和挖掘自身已有的资源是创业的第一步,我们自己就是创业起步时最关键的资源,创业过程就是我们自我成长和改变的过程,只有改变自己,才能影响到更多的人,吸引他们加入我们的团队,资源总是流向价值创造最大的地方。

第二,由近及远。从我们身边的人和事情开始,从我们熟悉和了解的人和事开始,首先要体验和了解身边人的痛点,所设计的解决方案首先要满足自我的需求。

第三,由小及大。先做好一个产品,服务好一小部分客户,生存下来,然后再去扩张和发展。

2. 领先行动

创业需要计划,但是更需要行动,行动才是创业的第一步。具有创业思维的人喜欢在行动中学习和反思,面临不确定性,行动是最有效的思维方式。在行动之前,要评估最坏的结果,然后采取行动。一边行动,一边反思,一边调整,逐步达到目标。

3. 探索

创业不是粗糙的复制和简单的优化,而是尝试用新的方式去创造不同的价值;创业不是

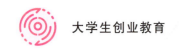

沿着已有的道路前行,而是通过探索寻找新的风景。同样是下西洋,郑和带着近300条船,约1万人去传道,因为他认为世界是已知的,而哥伦布带了3条船,近100人去探索,因为他认为世界是未知的,最终哥伦布发现了新大陆。

新时代下,提出贯彻新发展理念,着力推进高质量发展,推动构建新发展格局,需要我们所有人不断拓展思路,发展我们的创业思维,如要实现关键核心技术的突破,战略性新兴产业发展壮大,载人航天、探月探火、深海深地探测、超级计算机、卫星导航、量子信息、核电技术、新能源技术、大飞机制造、生物医药等取得重大突破性成果,我们必须要有从1到N的不断创新,更要有从0到1突破的勇气。

3.1.3　创业思维的培养

1. 进行创业实践

创业既不是科学,也不是艺术,其本质是一种实践活动。只有参与和创业相关的实践活动,才能形成创业思维。创业实践是一个很宽泛的概念,一切有价值的想法变成现实的过程都属于创业实践。在某种程度上,任何一个发现问题、给出可行性解决方案并创造价值的活动都属于创业实践。

2. 学习与反思

快速行动的过程也是一个快速试错的过程,唯有在失败中进行深度反思,才能在失败中快速学习。反思是一种深度学习,包括回顾自己所做的事情、通过行动所悟到的事情,以及下一步的行动计划。

3. 思维转换

不同情境需要不同的思维方式,上述的两种思维同样重要,只是适用情境不同。创业过程也需要管理思维,同样,管理过程也需要创业思维。总之,当情境确定时,使用管理思维效率更高,效果更好;当情境不确定时,就需要迅速切换到创业思维。创业者要根据情境的变化,在两种思维中灵活切换,才能更有效地解决问题。

3.1.4　应用创业思维将想法付诸实践

在开始实施创业想法或者创业计划之前,先问自己以下4个问题:

(1) 这个想法是否可行？即这个想法在目前自己能掌控或者控制的技术、资源条件下，是否能够实现？在技术上是否可行？

(2) 我能否胜任这份工作？即考虑自己是否具备实现这个想法的能力？在整合各方资源的基础上能否实现？

(3) 是否值得尝试？即是否有足够的市场，能否盈利？大家是否认可我的产品或者服务，即这个行动是否有意义？

(4) 我是真非要这么做不可吗？这个问题是确认创业的决心，如果没有十足的决心和毅力是很难真正走在创业的道路上的。

现在，如果你想要创造它，那么，在可知的（预测思维为基础的）世界里，把时间和精力放在问题(1)、问题(2)和问题(3)上是合理的。但在无法预测未来的不可知世界里，前3个问题是无法准确解答的。除非采取实际行动，否则你不可能知道答案。你可以进行任何你想要的市场研究，向人们请教对你创意的想法，或研精苦思。但"纸上得来终觉浅，绝知此事要躬行"。没有行动，你将一无所知。但这些都无关紧要，直到或除非你回答了第4个问题，如果不是全身心或至少在某种程度上爱上它，你是不会把自己的所有努力都投在创业上的。你可能会面临一个机会，但没有愿望去实现它。由于未来充满了不确定性和未知，因此你并不着急做任何事情。你会不断地思考自己可能遇到哪些困难，并收集更多的信息，仔细研究，从而确保行动需要的所有情况都被考虑到。一旦做不到这些，人们一般就会说："你还没有想清楚。"你往往会把这件事情搁置在待办事项的最后，从不采取任何真正的行动，并希望你的上司不再过问此事，尽管机会也许真的就在那里。

然而，当你面临一个想实现愿望的机会时，因为想做这件事情，你极有可能先采取一小步明智的行动来应对挑战，想创造一些新东西的激情将使你更容易找到投资者或员工和你一起行动。如果没有看到你创业的愿望、你对自己想法的信心，以及要把想法付诸实践的决心，其他人是不会承诺与你一起行动的。愿望是创业者创业时的关键资源，它可以激励你行动，让你坚持到底，让你更有创造性（尤其是遇到障碍时）。但是愿望自身还不足以让人们开始行动。很多人的确想实现自己的想法，就像那些有一个更好的创意的人，常常宣称他们想把想法变成现实一样。但是，他们为什么不行动？什么时候愿望可以强大到让你开始行动？答案可以总结为：当你想要某些东西，手中有方法来获取它，并且下一步行动在你可承受的损失范围之内时，那么最重要的事情就是开始行动。实际上，这时不行动才是反常的。你想做些事情，一切都将改变。源于情境未知的负面情绪会开始减少。虽然现实并没有发生任何变化，你也依然不了解那些未知的世界，但因为关心自己正在努力做的事情，你终将找到一种解决问题的方法。创业思维不仅可以用在创业之中，在日常生活中，我们也可以应用创业思维去解决一些一直想做而未做的事情。

具体的行动步骤如下。

(1) 明确你的愿望。每个人可能都有一个一直想做却从来没有做的事情,倾听你内心的声音,找出梦想或对未来的期待。一般这个梦想都是比较渴望达到但是目前还没有达到的。

(2) 从拥有的资源开始。评估一下你所拥有的资源:你有什么、你会什么、你认识谁等,利用手边的资源快速行动。如果没有愿望,在面对不确定性时,人们将不可避免地去思考、研究和预测。除非你想要,否则没人愿意踏足不可知的世界。愿望是让你采取行动的动力。

(3) 评估可承担的风险。创造价值的同时也会存在风险,你要考虑最坏的结果是什么,一旦发生,你是否可以承担,如果可以就大胆行动。能够应用的资源可能是固定的,但你愿意投入的资源是可变的,它是由愿望决定的。如果你受限于固定的资源,愿望会让你在寻找资源的新来源时更具创造性。

(4) 大胆拥抱不确定性。愿望让你勇往直前,否则,遇到障碍时,人们就容易止步。愿望不仅可以激励你继续前进,而且可以促使你找到解决问题的方法。它不会保证你的成功,但至少可以让你尽自己所能。

(5) 组建团队。和他人分享你的想法,影响别人对你的看法,找到价值观和想法相同的人加入你的团队。除非你做出承诺,否则没有人会参与。正是愿望让你承诺。

(6) 采取小行动。认清大概方向后,控制你能控制的,通过小行动验证方向,快速迭代。

(7) 在行动中学习和提升。创业是实验的过程,通过快速尝试,在失败中反思学习。

3.2 设计思维

3.2.1 设计思维概念

简单地说,设计思维(Design Thinking,DT)是一套高效的创新方式。设计思维通过分析问题、观察用户,发现用户未被满足的需求,并挖掘背后的洞察。根据洞察,提出解决问题的多种创意方案,用创意做成"产品原型",通过多次测试,不断验证、思考、改善、迭代……寻求商业、技术、用户需求之间平衡的创新解决方案。作为"聚合体"的设计思维集成并发展了五十年来的有效创新工具。例如,用户体验、头脑风暴产品迭代,又将这些工具重新整合和清晰化。蒂姆·布朗指出:设计思维不仅以人为中心,而且是一种全面的、以人为目的、以人为根本的思维……这种方式(设计思维)应当能被整合到从商业到社会的所有层面中去,个人和团队可以用它创造出突破性想法,在真实世界中实现这些想法并使它发挥作用。

 案例

海盗船 CT 机

医用成像设备设计师道格·迪兹在医院目睹了令他吃惊的一幕:一个将要接受检查的小女孩被 CT 设备吓哭了,完全不愿意做检查。他发现医院里将近 80% 的儿童患者需要服用镇静剂才能做核磁共振。对孩子来说,神秘的 CT 机意味着"未知的恐慌"。这让他大为受挫,事实给了他很大的打击,这台机器带给孩子的是恐惧。

后来,道格到斯坦福大学设计学院学习设计思维。他学习了同理心,这促使他努力通过设计思维为这类设备的改进寻找灵感。"我在想,如果把这一工具拿过来,并组建一支跨专业的团队联合作业,它的威力到底能有多大?"他首先去了一家日间护理中心,观察并理解就诊的孩子。随后,他创作了第 1 个原型,就是后来的"冒险系列"扫描仪。道格把核磁共振成像扫描室改造成一个儿童历险主题公园,由患儿做主人公。他没有改变扫描仪复杂的内部技术,而是与团队一起为仪器的外部和房间的所有表面都印上彩色图案,包括地板、墙壁和所有设备;并为操作设备的技师创作了剧本,这样他们就可以引导患儿完成"历险"。对孩子来说,这变成了一次从未有过的独特体验。医务人员可以对孩子解释噪声和检查舱的运行,他们对前来检查的孩子们说:"好了,你现在要潜入这艘海盗船,别乱动,否则海盗会发现你的。"结果是戏剧化的,需要服用镇静剂的孩子从 80% 降到了 10%,甚至有个小女孩在做完检查后,还跑到妈妈那儿问:"妈妈,我们明天还能再来吗?"医院对此很高兴,他们不用一直找麻醉师了,每天可以做的检查数量也大幅增加,效果十分显著。

思考与讨论

设计思维的核心思想如下。

(1) 以用户为中心,与真实世界里的具体顾客面对面,洞察消费者,了解其内在真实需求,挖掘潜在需求。

(2) 重新界定问题,一般使用头脑风暴的方法拓展思路寻求解决方案。

(3) 快速制作小原型,邀请用户、合作伙伴、利益相关方,共同参与产品的设计、研发。

(4) 快速迭代,快速学习,在体验试验中不断更新完善,持续改进方案,最终完成产品设计。

3.2.2 设计思维的流程

设计思维认为:创新的过程不应该是神秘的。人人都是创新者,每个人都可以依据具体的规则与步骤参与创新学习与实践。作为方法论的设计思维包含一套详尽的工具包。

设计思维围绕创新挑战,营造良好的创新环境,用规范化的流程激励创新。设计思维的基本流程包括理解、观察、综合、创意、原型和测试 6 个步骤。设计思维注重团队成员之间的沟通,每个步骤均需要团队成员陈述、提案,在工作过程中引导团队成员不断提高沟通技巧。通过流程管理,强化跨界融合,加强跨学科问题的解决能力。时间控制也是设计思维格外强调的创新要素。严格控制每个步骤的时间,不同步骤之间不断迭代循环,构成设计思维创新最基本的框架。

- 理解:理解问题内涵,界定、分析命题。
- 观察:采用观察、体验、访谈等方法深入了解用户。
- 综合:解析用户需求,挖掘用户洞察,重新定义创新命题。
- 创意:围绕洞察与需求进行头脑风暴,点子越多越好。
- 原型:选出一个创意,制作可触可感的创新产品雏形,快速制作模型。
- 测试:观察用户使用,通过收集用户的反馈信息进行迭代改进。

3.2.3 应用设计思维解决问题

1. 常规的工作方法

所有同学分组坐好位置后就可以开始设计活动方案了,与其空泛地介绍什么是设计思维,不如直接体验设计思维。体验活动时间有限的话用一个小时,时间充裕的话可以用半天甚至更长的时间。

首先请想出一些点子来设计一款理想的 App,各小组请把关于一种更好的 App 的创意画出来。在开始的时候,我们让每个小组花 3 分钟时间,画出一个理想 App 的草图。这就是我们所说的"从常规的工作方法开始",这一环节的意图是拿一种抽象的、以问题为中心的解决方法(对很多人来说是典型的方法)与以人为中心的设计思维方法相互对比,参与者将在后面的项目中体验这种方法。大家只需要画出粗略的草图,作简单文字标注就好。在这一步骤结束时,可以请愿意展示的人举起自己的草图分享给其他人看。需要告诉每个人,刚才的做法是一种典型的面向问题解决的工作方法,即针对一个给定的问题,基于自己已有的观点和知识、经验开展项目,按自己脑中的解决方案做设计。下面要体验的则是另一种方法,即一种以人为中心(Human Centered)的设计思维方法。

2. 设计思维方法

1) 观察与访谈

在这个新的步骤开始之前,需要让座位相邻的参与者两两结成小组。分组应根据参与者就座的情况,采用最简单的方式进行,必要时让坐在一排最边上的人更换座位到指定排。如果参与者数量为单数,可以让第二位辅助教练与单出来的那个人结成小组。设计思维采用小组团队协作创新的工作方法,这样的环境不仅促使参与者能从对方身上学习,还可以互相激励,团队之间也会形成良性的竞争。在这个入门项目中,参与者体验最小型的两人团队的工作模式。

分组完成之后,开始8分钟的观察与访谈。该流程分成两段,小组中一人担任采访者,另一人充当被采访对象,4分钟之后交换角色。

项目要求仍然是"设计一款理想的App",但与常规的工作方法不同,设计思维强调:设计中最重要的一个部分是针对你的目标对象移情思考,建立同理心,我们现在所面对的挑战是设计出对你的同伴有用和有意义的东西。而要实现这一重要目标,与用户交谈是一个良好的开端。

在访谈开始之前,教师要提醒学生做好笔记,记录他们看到或听到的感兴趣的和感到惊讶的东西,应确保每个人都明确访谈的逻辑顺序:每人4分钟,在中间互换角色。

作为开始访谈的一个简单方法,采访者可以要求同伴展示自己经常使用的App,分享使用心得,同时询问对方对App的要求是什么?还有哪些要求目前的App没有达到。也可以让对方展示不怎么使用的App,以及介绍为什么。到了4分钟以后,提议每个人互换角色。

在前一个步骤结束之后,告诉参与者要进行第二轮访谈,继续深入挖掘那些在第一轮访谈中引起他们注意的东西,该环节总时长6分钟,仍然分成两段,每人有3分钟的时间,分别充当采访者与被采访对象。这一过程中,设计思维的学习和实践者需要从App出发,尝试去发掘同伴的故事、情感和情结。要在访谈的过程中经常问为什么。有时我们可以暂时忘掉App，去寻找对同伴来说什么是重要的东西。例如，我们可能会问，为什么不用的软件还在手机上？什么情况他会使用App？他一般什么情况下会去下载软件？什么情况下会删除软件？当时的情形是怎么样的？有没有同款软件卸载安装的经历？询问他当时的感受，以及接下来做了些什么事情。教师应提醒大家在笔记里记录一些意外的发现，并注意引述被采访者的原话。

2）综合与提炼

接下来，让每个人花3分钟整理自己的想法，并将从同伴处了解的东西用文字写下来。

两轮访谈记录下来的东西可能很多，呈现在笔记上的原始信息会显得比较杂乱。这个情况下，典型的应对方式是做归纳（Induction），归纳最简单的方法是将交流过程中发现的东西分成两类。

（1）你队友的目标和期望（Goal and Expectation）。

（2）你的洞察（insight）。

前者就是用户关于App的需求（Need），即具体的人对App对生活的具体的期望。用户的需求往往可以在其谈话原文中明确。在归纳的时候，应该同时注意挑选出身心等方面的需求，通常使用动词表述目标和期望。例如，他可能希望一个App包含了所有的功能，满足所有的需求。后者的洞察代表某种深入的发现，通常不是对方明确表达出来的东西，而是你在纷繁的信息里提炼出来的要点，是你演绎推导（Deduction）或凭直觉意识到的用户痛点。在后面的步骤中，可以借助洞察进一步实现创造性的解决方案。例如，你可能注意到，有些App是联系工具，有些App是享受工具，有些App的使用只是为了和朋友有共同话题，还有些App使用起来有漏洞，每个人花3分钟的时间把需求和洞察表述为一句话。

需求可能有好几个，洞察也可能不止一个，我们需要在其中选择最有说服力的需求和最有趣的洞察，将二者有机地结合在一起，组成一句关于对方立场的陈述。在构思这句话的时候，每个人都应该站在同伴的立场思考，确保言之有物并且是可操作的。写下自己作为一个设计者将要面对的有意义的挑战，这段话将被用来明确之后的设计方向。

在设计思维创新活动中，这些工作被称为"用户要点聚焦"（Point of View，PoV）。这里包含以下3个要素。

（1）用户（User）。这里可以写上同伴的名字或者昵称，如果可能的话，加上能够描述用户特征的定语，比如"作为一个喜欢户外运动的大学生，李明"。

（2）需求（Need）。从访谈的对象中选择一个明确表示过的目标或期望，或是你认为最值得满足的需要。

（3）洞察（Insight）。在用户共情的基层上进一步思考后提炼出的重要发现，发现可能与前面的用户需求一致,也可能有矛盾冲突。

设计思维的3个要素是非常关键的。我们经常说"必须坚持人民至上""一切脱离人民的理论都是苍白无力的,一切不为人民造福的理论都是没有生命力的""把握人民愿望",同理,我们的研发一定是基于用户的,要深入洞察用户的真实需求的,我们的产品是为用户量身定做的,一定是基于用户的需求出发的。

3. 创意与测试

创意环节让每个人进入思维发散、自由联想的状态,这个步骤也称为头脑风暴。头脑风暴的时间安排为5分钟。首先每个人要在页面上方重新写出对问题的陈述,即用户要点聚焦。然后,让他们画出大量创意草图,得到尽可能多的不同点子。教师要提醒学生:我们正在为自己确定的新挑战寻找创新的解决方案。工作的要点如下。

(1) 要追求数量,多多益善,这个阶段不评价点子是否可行,希望点子越疯狂越好。

(2) 这是生成点子的时间,不是评估点子的时间,把评估这些点子的工作留到以后。

(3) 参与者之间甚至可以发起一场友好的竞争,看谁的创意最多。

(4) 要努力用图形表达,而在需要突出说明细节时才用简单的文字做标注。

(5) 提醒同学不一定非要设计一个App,相反,是要针对他们刚才所陈述的问题提供解决方案。

在前面的创意环节结束之后,每个人开始向同伴介绍自己的多样化的创意方案,并听取意见。该步骤总时长为10分钟,分成两段,满5分钟的时候要提醒每个小组中的两人互换角色。这个时候,实际上做的是进一步的访谈,每个人都要花时间倾听同伴的疑问,观察同伴的反应。解决方案的设计者轮流把草图拿给同伴看,听取同伴的意见,每个访谈者记下在这些点子中对方喜欢什么,不喜欢什么,他/她对这些呈现在纸面上的创意有何疑问,有什么改进的想法,设计者需要注意聆听,以进一步获得新的洞察。坚持问题导向。问题是时代的声音,回答并指导解决问题是理论的根本任务。在测试环节要重点听取问题,坚持问题导向,通过发现问题、解决问题,进而不断改进创意,才能真正实现产品的不断完善。

这一步骤是了解用户的情感和动机的另一个好机会。在讨论中可以先让对方自己研究一下草图,看其是否能明白设计的都是些什么,然后解释设计者自己的创意。设计者要避免只说不听,避免为自己的点子不被攻击而做各种解释,因为这一过程不是为了证明设计者的点子有多合理,而是为了继续完成设计而寻找灵感。

4. 原型与实现

在原型设计阶段,同学们有3分钟的时间思考从同伴那里获得的信息与灵感,总结归纳收集到的反馈,基于所有对同伴及其需求的新的理解和洞察,画出一个新的创意,形成一个全新的设计方案。这个设计方案可以是对之前创意的完善,也可以是全新的东西;可以从之前多个点子中的一个发展而来,也可以把多个想法组合在一起得到一个复合式的创新产品。可以仍围绕原来的问题陈述进行工作,也可以基于参与者发现的新的洞察和需求创造出一个新的问题陈述。在设计过程中,需要围绕这个新创意尽可能地提供更多细节、色彩。设计者需要更积极地考虑,这一解决方案如何能适合同伴的生活情境,对方会在何时、如何使用你所设计的东西。做这个活动时,最好是教师能提前准备好各种原材料,如大白纸、便利贴、彩笔、还有一些可以制作原型的道具。在实际动手制作原型的步骤里,参与者以自己刚在草图上画出的创意作为设计蓝图,将解决方案制作成一个有形的东西,每个人有 7 分钟的时间,用以具体实现自己的实物原型设计方案,可以只展现整个解决方案中的某一个方面。为了说明我们的创意,有可能不仅要运用纸张和布、纸箱材料做一个等比例的实体模型,还需要营造出能让用户与之互动一种体验过程。制作出来的东西应该尽可能让同伴与之亲身接触,如果解决方案是一种服务或一个系统,应构造一个情境、一个接触环境来让同伴体验这一创新方案,一般可以采用角色扮演的方式。设计者可以使用手头上的任何材料,包括工作坊所使用的空间环境。因为时间要求紧迫,从纸面工作到实物操作让学生不自觉地进入兴奋状态,节奏欢快的环境音乐也会让气氛升温,原型材料中会频繁地使用剪子、美工刀、金属箔、边缘锋利的纸张等有一定危险性的物品。动手时,参与者很可能割伤自己的手指或手掌。为预防这一高概率事件的发生,组织者可以提前准备一些创可贴。

下面是介绍方案并听取反馈(Feedback)的过程,该步骤总时长为 8 分钟,分成两段,满 4 分钟的时候,教师应提醒每个小组中的两人交换身份。

首先是一个人向同伴介绍方案,获得反馈,然后反过来。在这里,每个人都有机会展现自己的原型并与同伴分享。在获取反馈的时候,参与者不应纠结自己的原型,无论是物理上的还是情绪上的。这里的要点仍然不是验证原型的正确性,毕竟目前的原型只是一个初步设计品,我们的目标是用它推进一次新的、有针对性的谈话。

和真实的用户、我们身边的人相比,原型其实不重要,它所带来的反馈和引发的新的洞察才是重要的。教师需要再三跟同学们强调,请大家不要试图捍卫自己的原型,而应该把自己精心设计和尽心制作的原型拿给对方,让同伴亲身体验,请每个人仔细观察同伴怎样正确地或错误地使用它。在此过程中,要记下解决方案中同伴喜欢的、不喜欢的部分,同伴关于设计中一些细节提出的疑问,以及给出的新想法和建议。

5. 展示和分享

这是设计思维体验的最后一个活动。组织良好的展示和分享能将这次练习从一个简单有趣的活动升华为一次有意义的学习和实践体验,能够影响学生将来从事创新工作的方法。

如果桌子是可以移动的,应快速地把房间里的桌子拼在一起,也可以在屋子中间找一个大桌子,让大家能聚集在周围。请每一个人拿来自己设计和实现的原型,把它放在房间中央的桌子上。这个环节的要点是,让大家聚在一块,看看各自为同伴设计的创新解决方案,分享自己在操作过程中的心得。组织者可以用下面的方法引导参与者积极发言。

"谁发现自己的同伴设计出了自己非常喜欢的东西?"

"谁看见了一些东西让你非常好奇,想弄明白的?"

在分享的过程中,既要让制作该原型的那个人参与到谈话中,也应该把目标用户吸引进来,听听他们都有哪些心得。

6. 总结

为了帮助参与者归纳整理整个操作过程的收获,需要在此强调设计思维的一些核心观念。

以人为中心的设计。针对你为之进行设计的某人或某个人群的移情,实现同理心,获取来自真实用户的反馈,是一切优秀设计的基础。

(1)实践和原型。原型不仅可以用来验证你的创意的方法,也是你创新过程中将思维外化、将收获内化的一部分。我们通过动手制作、构筑原型来思考和学习。

(2)总是倾向于采取行动。设计思维并不像字面上显示的那样只停留在思考中,它更倾向于鼓励设计者动手做出来。在思考、访谈和讨论的同时要不断地去做东西。

(3)展示给人看,不是仅仅说出来。为用户打造一种体验氛围,尽可能多地使用视觉方式进行说明,并以一种源于感染力和包了义的方式叙述一个故事,随时运用可视化的方法传达你的想法。

(4)重复、迭代的力量。我们这次以一种疯狂的速度做完这个练习的原因是希望参与者体验比较完整的设计循环过程。重复、迭代是在项目中获得成功的关键。

实践没有止境,理论创新也没有止境,不管是管理思维还是创业思维,还是设计思维,都是为了让我们进一步开拓思维,为了跟进一步的创新,产品如此,理论亦是如此。

3.3 温州创业精神

3.3.1 温州创业精神的演进脉络

温州,地处浙江东南部,为我国东南沿海重要的商贸城市和区域中心城市,温州人素有"东方犹太人"之称。不同于广东模式、苏南模式或上海模式,温州经济作为一种发展模式之所以能一鸣惊人并引起全国乃至全世界的广泛关注与赞许,原因在于"温州模式"是温州人自力更生、艰苦奋斗的经济模式,而温州人创业精神的演进始终伴随着"温州模式"这个载体的创新发展。20世纪80年代,时任中国社会科学院经济研究所所长的董辅礽带队到温州调研,认为"温州模式"使温州摆脱了由于历史、地理、资源、交通等方面的发展劣势所造成的贫困落后,地方经济增速明显,农村脱贫致富,人民生活水平大大改善,经济社会得到快速发展。从"温州制造"到"温州创造",随着"温州模式"的蓬勃发展,其所彰显的温州创业精神也随之历经了从传统文化基因到新时代共同精神的演进、从较为单一的生产性创业文化到创新创业融合文化的内涵转型、从一种工商业文化现象到社会共同价值取向的升华"三部曲",温州创业精神焕发出新的生机与活力。

1. 实践维度:从文化基因到时代精神

温州创业精神的演进,首先表现在从隐性的地域文化到显性的时代精神的发展过程。温州创业精神发生的实践逻辑就是改革开放40余年温州人的创业实践过程。纵观温州40余年的创业历程,可以说是一部中国改革开放创业史的缩影,有太多的经验、教训、感性和理性认识,值得总结、反思和借鉴。全时空视角阐释40余年来温州波澜壮阔的创业历史并不容易。如果一定要理出一条主旨线索,那就是在地域创业文化滋养下的"温州模式"诞生之路,就是在"温州模式"实践不断丰富、创新、提升的过程中,温州人新时代创业精神的演进过程。独特的地域传统文化赋予温州人与生俱来的创业激情、智慧和行动,生动的创业实践生发出创业精神,创业精神又反哺和促进主体自觉的创业实践,由此,数以百万计、活力四射的中小微企业诞生,再通过"专、精、特、新"的市场培育和政府引导,中小微企业在优胜劣汰中发展成顶天立地的龙头骨干企业。从"温州模式"的演进图谱可见,量大面广的中小微企业构成了温州民营经济最为广泛、最富特色的中坚力量,中小微企业是温州民营经济的基础,没有中小微企业的发展提升,培育大中型企业就失去了源头活水,温州民营经济就难以有过去的辉煌和未来的广阔前景。温州市经济和信息化委员会负责人曾表示,近年来温州市委市政府高度重视对中小型企业的培育,不断引导和支持中小型企业向"专、精、特、新"发展,争当各自细分领域的"单项冠军""隐形冠军"和"独角兽"。

2. 转型路径:从生产创业到创新创业

有关专家对"温州模式"的评价是,20 世纪 80 年代的"温州模式"主要表现为"小商品、大市场"和活跃的个体私营经济,在经历了产品质量危机、商业信誉危机和金融危机等市场危机的考验和历练后,加之我国社会主义市场经济体制的不断发展,经济政策制度的不断完善,温州一方面改善市场机制,另一方面强化政府政策引导与服务,通过加强对龙头企业培训、引导中小企业转型升级,特别是注重以科技创新驱动来推动落后产能淘汰等举措,全方位推进经济产业结构和产品结构的调整,全面促进现代企业制度创新和资本市场利用能力提升,以推动构建现代企业制度,提升企业治理体系和治理能力现代化为主题主线,使企业核心竞争力不断提升,使得经济发展生态逐步由低级制造业向高级制造业和现代服务业转化,再筑温州作为浙江"铁三角"的经济社会发展新优势。实质上,温州经济所经历的这种凤凰涅槃,正是以创新为主引擎的温州经济发展模式、发展理念的一次飞跃,即由原来的以劳动密集型经济为主转向以技术型、创新型经济为主。这一过程也是温州人创业精神所经历的一次逻辑演进,即由率先突破、率先尝试、敢闯敢创为代表的生产性创业精神,演进到以科技驱动、数字赋能、智能制造等为代表的创新性创业精神。

3. 升华逻辑:从商业文化到社会价值

创业文化其本意是一种商业文化,属于社会亚文化。文化属于社会观念的范畴,文化的生成、演进逻辑同事物发展变化的规律一样,都有一个由量变到质变、聚小流以成江海的过程。在改革开放的政策红利诱推之下,随着温州民营经济的发展壮大,创业文化经历了从地域传统文化基因到改革开放新时期商业文化,再到新时代温州社会共同价值观念这样一个基本的提升演进过程。比如,永嘉学派所主张的事功之学、义利并举、重商主义等共同构成了温州地域传统文化的创业文化基因。改革开放新时期,随着温州民营经济的兴起,地域传统中的"创业"基因被赋予新的内涵,焕发出新的生机,随着"温州模式"在新时代的转型,创业文化又逐步衍生为一种全社会共同的时代创业精神,成为新时代引领区域经济社会发展的共同价值观念。这一升华逻辑可从一个典型的企业文化发展演进路径窥见一斑。中国红蜻蜓集团有限公司是温州的著名制鞋企业,自创办以来,企业始终秉承"品牌开路,文化兴业"的发展思路,以"传承鞋履文化,创造顾客体验"为企业使命,将中国传统的鞋履文化融入企业生产经营的各个环节,坚持挖掘、研究、传播中华鞋履文化。在推进企业向前发展的同时,始终高举鞋履文化的旗帜,一直是红蜻蜓的靓丽名片。据红蜻蜓集团有限公司董事长钱金波介绍,自1995年公司创立以来,红蜻蜓文化之履,既是中国五千年鞋履文化的沉淀与精粹,也是红蜻蜓走过二十多年的梦想之旅。"从鞋文化到文化鞋",创立伊始红蜻蜓便坚定信念:当中国消费者开始认同本土品牌时,文化积淀就会成为品牌的核心资源。以文化企,是温州很多民营企业的发展理念和战略思路。

3.3.2　新时代温州创业精神内核

1. 四千精神

"四千精神"指的是浙商强烈的创业精神——走遍千山万水、说尽千言万语、想尽千方百计、吃尽千辛万苦。它发轫于浙南,但集中体现了改革开放之初浙江人敢于改革、善于拼搏、不畏艰险的品质,是浙江人的群体精神。浙南地区受制于当时的地理条件、经济社会发展程度等,脱贫致富的愿望更强,因此浙南尤其是温州人有更强烈的"四千精神"特质。"四千精神"的本质力量源于民营经济、源于市场经济、源于群众摆脱贫困的永不放弃的奋斗。

改革开放初期,经济短缺,浙江人发扬"走遍千山万水、说尽千言万语、想尽千方百计、吃尽千辛万苦"的"四千精神",是浙江人民在特定经济发展阶段(社会物质匮乏)、特定经济技术发展水平(总体科学技术水平低下)、特定经济社会体制(计划经济烙印影响深厚、人们思想禁锢)背景条件下"生存型创业"的真实写照。在"一缺技术、二缺资金、三缺人才"的"三缺"背景条件下,这种创业体现了浙江人"闯市场"的"闯劲",蕴涵着宝贵的精神内核。面对当时巨大的市场需求,从"村村点火、户户冒烟"的农村工业化起步,以"开夫妻店"为创业载体,开始了浙江改革开放初期的艰辛创业之路。"白天当老板、晚上睡地板"是当初温州民营企业创业情景的真实写照;没有资金,靠"出硬股、打天下",是台州股份制经济的最初雏形;技术缺乏就聘请"星期日工程师",是绍兴、萧山、慈溪一带乡镇企业积极克服技术瓶颈的典型代表;而"拨浪鼓摇出大市场""走街穿巷"拉开了义乌、永康一带商贸发展的历史序幕。

2. 新四千精神

在新的历史条件下,以"千方百计提升品牌,千方百计保持市场,千方百计自主创新,千方百计改善管理"为内涵的"新四千精神",是基于浙江省经济转型升级发展的客观要求而提出来的一种理论创新。如果说原有的浙江"四千精神"把浙江人艰苦创业的精神提炼和概括了出来,那么"新四千精神"就是把转型升级的路径和要求具体化。

千方百计提升品牌,就是要超越个体企业竞争的层面,从区域和产业发展战略的高度来重新认识品牌的战略价值,从这个角度而言,提升品牌不仅是要深入推进品牌战略,也要求落实质量振兴战略和标准化战略,以此在浙江省打造一批产品品牌、企业品牌、区域品牌,构建若干具有世界影响力的品牌群。

千方百计保持市场,不是指静态地维持原有市场,而是通过企业与政府共同携手,创造环境条件和运用政策手段,在已有市场基础上大力保持并拓展潜在和新兴市场。企业要积极尝试各种有效手段主动竞争已有市场、大力挖掘潜在市场、积极开拓新兴市场。

千方百计自主创新,就是要针对浙江省民营经济自主创新能力相对薄弱的问题,把提高以企业为主体的创新能力建设摆到更加突出的位置,也就是要按照走内涵式发展道路的要求,充分利用技术创新、产品创新、品牌创新、人力资源开发创新、企业组织结构创新、节能减排方式创新、生产服务业发展创新等各种创新形式,切实提升经济发展活力和竞争力。

千方百计改善管理,就是不论外部经济环境有多严峻,始终坚持眼睛向内、苦练内功,不断提高企业素质和应变能力,也就是要按照建立现代企业制度的要求,狠抓管理薄弱环节,改变管理粗放现状,提升企业管理人员素质,创建学习型企业,在管理规范、决策科学上下真功夫,实现从传统管理向现代管理提升。从"四千精神"到"新四千精神"是对浙江从"生存型创业"到"创新型创业"转型发展的根本要求。浙江省要实现经济社会的科学发展和率先发展,必须要在继承原有"四千精神"的基础上大力弘扬"新四千精神",与时俱进、大力开展创新型创业,推动浙江省经济在新一轮调整中崛起和发展。

3.3.3 温州人的创业故事

改革开放初期,当许多人对市场还是十分陌生,对走街串巷的小摊小贩不屑一顾时,具有创业精神的"中国犹太人"——温州人就抢占了大好的市场先机,他们走南闯北,用手中的菜刀、剪刀、皮刀、剃头刀、螺丝刀这五把刀子在天南海北中闯出了一条条致富之路。他们从小本生意做起,渐渐壮大起来,在解决人们吃饭难、做衣难、修理难的同时,也使自己成为艰苦创业的典范、发家致富的样板。从擦鞋匠成为电器大王的南存辉、从弹棉郎到"纽扣大王"的王永铮,都是温州人创业精神的独特典范。

案例

南存辉的传奇——从小小的擦鞋匠成为"电器大王"

南存辉,土生土长的温州人,以擦鞋起家,艰苦创业开启"电器大王"之路。

有人说:"世界上凡是鸟儿能飞到的地方,便有温州商人的足迹。"自从改革开放以来,温州人善于经商的名声很快就在全国范围内打响。南存辉就是土生土长的温州人。1963年,南存辉出生于浙江温州乐清柳市镇的一个贫困家庭,家境的贫困让童年时期的南存辉一直处在拮据的处境中。穷人的孩子早当家,生活的重担让南存辉早早便在心中埋下了要挣钱改变命运的梦想。在南存辉13岁时,他的父亲因为一场意外而身受重伤,从此丧失了劳动能力,这让原本就深受贫困侵扰的家庭雪上加霜。身为家里的老大,南存辉不得不承担起养家的责任。为了养家,南存辉放弃了自己的学业。13岁的他选择初中辍学。就这样,一个连初中都还没毕业的孩子早早地步入了残酷的社会。社会的压力是巨大的,想要生存下去,必须要付出努力。由于初中都还没毕业,没有专业技术和知识的南存辉只好在路边擦起了皮鞋。也许是受到了温州人血脉的影响,南存辉的经商才能很快就有所体现。即使是小小的擦鞋匠,南存辉也将这份工作做到了极致。每一双皮鞋,只要是经过了南存辉的手,都会以崭新的姿态被送回顾客手中。

没有一份持之以恒的努力会被辜负,仅仅用了三年时间,南存辉就成了镇上的"擦鞋状元",当时他仅凭擦鞋这份工作就拿到了比国企工人工资六倍还多的收入,真是"三百六十行,行行出状元"。细致的观察和认真的态度让南存辉拥有了敏锐的感知力,也让他很快发现了商机。在做擦鞋匠的日子里,南存辉发现把鞋子穿破的人越来越多。询问这些人的身份,发现他们大都是电器厂的员工,他们为了进行电器产品的推销工作而要走很多路,也因此鞋子容易磨坏。听了电器厂员工的回答,善于通过现象看本质的南存辉发现了电器行业的商机,镇子上兴起的一座座电器厂也印证了他对电器行业即将兴起的猜测。商业的成功不仅仅需要发现商机的独特眼光,还需要该出手时就出手的勇气。一心想要干一番大事业的南存辉不甘心一辈子只做一个小小的擦鞋匠,于是他抓住了这个商机,开始了自己在电器行业的探索。

万事开头难,转行并不容易。考虑到个人力量的有限性,南存辉开始向外寻求合作,最终他找到了自己的老同学胡成中。他向胡成中表明了自己对电器行业的看好和想要转行干电器的目标后,得到了胡成中的强烈认可,两人一拍即合,说干就干。在两人的共同努力下,一家名叫"求精"的开关厂诞生了,南存辉也迈出了自己电器事业的第一步。和老同学胡成中合作了一段时间后,由于都想寻求更大的发展,两人就分了家。分家后的南存辉开始了真正属于自己商业打拼之路,创办了正泰电器。

诚信是做人之本,也是商业成功的基石。在当时的温州,由于假货的滋生,让外地人对温州产品嗤之以鼻。认清商业本质的南存辉成了当时的一股清流,他始终注重产品的品质,他坚持做正品。品质才是一个企业发展最大的王牌,只有好产品才能保证好销量。深知这个道理的南存辉将"只做正品"的观念践行到了正泰电器发展的每一步,收获了一批忠实的老顾客。在注重品质的同时,南存辉还提倡创新,他把正泰电器发展的精神概括为"和谐、谦学、务实、创新"。

因为领导人的独特的商业头脑和杰出的战略眼光,正泰电器的发展可谓是如日中天。在南存辉的带领下,正泰电器从一个家庭式的小作坊快速发展成了一个大型的现代企业集团,还拥有"温州模式的缩影"之美称,南存辉也因此成了"电器大王"。

从弹棉郎到"纽扣大王"

"弹——棉——花嘞!"20 世纪 80 年代改革开放初期,这个传遍陕西大街小巷的吆喝声,也许至今还回荡在我们耳畔,他们就是浙江的弹棉郎。一个偶然的机会,弹棉郎从一国营纽扣厂进回一批纽扣,在家乡摆摊做起小买卖。20 多年过去了,在弹棉郎的带动下,中国第一个农村专业市场——温州永嘉县桥头镇已被誉为"中国纽扣之都"。

王永铮,永嘉桥头沈绛村人,1940 年出生,18 岁当兵,退伍回来为谋生当了弹棉郎,一干就是 13 年。13 年的弹棉郎生涯自然是千辛万苦,但这千辛万苦成就了他日后的人生和事业。

因为有过弹棉郎的资历,他后来在村办厂当了供销员,作为"十万供销大军"中的一员,几年间他走南闯北跑遍全国,并在这段行走中捕捉到了机会。1979 年,他从外省买回一批处理的纽扣,在镇上摆摊叫卖,支一张床板作为摊面,摆上各式各样的纽扣。就是在这样一个摊位上,弹棉郎的生意越做越好,他尝到甜头后,邻居几家人也做起纽扣生意,这几家人受益后,又带动了村、镇的所有人和纽扣打起了交道。购买纽扣再销售,这种赚取差价的买卖渐渐不能满足桥头人了。他们进回设备,开始自己生产纽扣。永嘉县委宣传部外宣办的一位官员表示,桥头以前是个很小的旧城镇,但各地的客商到桥头来买纽扣使这里变得车水马龙。他说,桥头家家户户的人都会做纽扣,家家都在做纽扣,形成了全国最早的农村专业市场,当时被外地人称为"东方的布鲁塞尔"。1985 年 11 月 5 日,永嘉桥头纽扣经营户王永铮兄弟,投资 17 万元,在北京西单商场承包纽扣柜台,开创了温商在北京承包大商场柜台的先河,也催生了温州人在全国各地进城进商场做生意的新阶段。从此,桥头开始崛起,并使这个小山村成就了"东方第一大纽扣市场"。

王永铮也在桥头的崛起中一步步成长,从弹棉郎成长为温州改革开放后的第一代企业家,被称为"纽扣大王"。先是在桥头创办纽扣厂,之后是到北京西单商场承包柜台,再后是挟西单之势南下进行全国攻城略地,建立了遍布北京、上海、天津、沈阳、武汉、广州等大城市的纽扣销售"王国"。这之后,他又走出国门,在美国洛杉矶创办了康永纽扣公司。

问题

(1)基于案例,分享案例给我们带来的启示。

(2)你最崇拜的创业者是谁,他的哪些事迹让你最为敬佩,你要学习他的哪些精神?

思考题

从上述的高校创业教育实施的成功经验中,请说出你的感悟。

第4章　项目来源与评估

本章要点

(1) 创业资源概述。
(2) 项目资源整合。
(3) 项目融资。
(4) 项目评估。

不等、不靠，身残志坚谋出路

"家里的房子很破了都没有钱修。"罗世革说，"我母亲常年不能断药，女儿每个月的开销又是一笔不小的数目，当时绝望极了，然而看着年迈的母亲和幼小的女儿，我知道自己一定得撑下去。"

"在困难面前，我决不能低头。"罗世革告诉自己，只要勤劳苦干，生活一定可以好起来，一定能够摘掉贫困的帽子。

然而，罗世革家经济来源单一，缺乏发展资金是他家无法脱贫的主要原因。

"为了发家致富，早点过上好日子，我多方咨询后，想通过养殖土鸡和中蜂脱贫致富。"罗世革说，"正当我苦于没有启动资金，打算放弃时，扶贫工作组得知我的情况后，主动帮我联系了贷款，在我搭建好了鸡舍和购买了蜂巢后，当地政府还组织我去专业养蜂基地学习观摩。"

"有领导鼓励我大胆干，通过学习后，我更是信心倍增。"罗世革说，"有了扶贫工作组的鼓励，我干劲十足，首批就养了60多只土鸡，60多桶中蜂，还养了3条猪。"

去年，县里大力发展电子商务，罗世革抓住机会，与镇上农村电子商务服务站取得联系，请其帮忙代销他家的蜂蜜和土鸡，拓宽销售渠道。他一边继续在村里做木工，一边和妻子一起搞养殖,一家人的收入慢慢增加,家里的条件得到很大改善,不仅还清了外债,还修好了楼房。

困难降临,勤劳苦干不气馁。

正当罗世革一家将养殖发展得有声有色时,罗世革被筛查出患上肺矽病。随后不久,自家养的土鸡染上鸡瘟大批死亡,中蜂也不知原因陆续死亡。

困难再次降临,罗世革的养殖技术受到前所未有的挑战。被打回"原形"的罗世革一家并没有气馁,他多方奔走,向附近养殖大户学习技术,勤劳苦干,靠自己的双手,今年,他又养了50多只土鸡、10多桶中蜂和3头猪。

"过几天,养殖大户会免费送来50只鸡苗,帮助我们增收。"罗世革说,为帮自己减少开支,早日脱贫致富,当地养殖大户免费送来鸡苗,这批鸡苗和之前的50只土鸡都将在年底前出栏,有望卖个好价钱。

年龄逐渐增大,身体也越来越差。罗世革深知,虽然养殖逐渐步入正轨,妻子可以照看,但是,大女儿即将步入大学,母亲的身体也越来越差,生活完全不能自理,家里的经济压力也越来越大。

"以前家里种过大枣树,种出来的枣子又大又甜。大枣树成本低、经济效益好,大约两三年就可以挂果收获,栽植大枣树既可把荒废的土地利用起来,几年后又能带来一笔不错的经济收入,拓宽致富渠道。"罗世革对种植大枣树充满信心。

新创企业在整个创业过程中,需要有效识别各种创业所需资源,并且积极借助企业内部和外部的力量,对这些资源进行组织和整合,实现企业的核心竞争力,促进新创企业成长。

4.1 创业资源概述

4.1.1 创业资源的内涵与种类

1. 创业资源的内涵

常言道:"巧妇难为无米之炊。"同样,没有资源,创业者也只能望(商)机兴叹。资源就是企业作为一个经济主体,在向社会提供产品或服务的过程中,所拥有或者所能够支配的,以及能够实现企业战略目标的各种要素和要素组合。巴尼(Barney)认为创业资源是指企业在创业的整个过程中先后投入和使用的企业内外各种有形的和无形的资源总和。林强认为创业资源是企业创立以及成长过程中所需要的各种生产要素和支撑条件。阿尔瓦兹(Alvarez)和布森尼兹(Busenitz)认为创业本身也是一种资源的重新整合。简单地说,"创业资源"就是创业者所需具备的一些创业条件。布里(Birley)认为企业创业过程中搜索的财务、人力等物质资源和搜集的信息、观点、建议等非物质资源都是创业资源。综合上述观点,创业资源是创业者在创业过程中运用的所有资源的总称。其中,政策资源、信息资源、资金资源、人才资源、管理资源、科技资源等是创业资源的重要方面。

总之,创业资源是新创企业在创业的过程中所投入和利用的各种资源的总和,包括人力资源、物质资源、信息资料、社会化服务体系等有形和无形的资源。

 创业名言

创业者在企业成长的各个阶段都会努力争取用尽量少的资源来推进企业的发展,他们需要的不是拥有资源,而是要控制这些资源。

——霍华德·史蒂文森

 案例

在郑州一所大学的新校区,有十多个咖啡店,但很多人不知道,其中有3家店的老板是该校一名在读的学生,熟悉他的人笑言他是校园"餐霸",大四的时候,当室友们都在忙着找工作,尚未毕业的他就已靠自主创业赚了上百万。

初衷:开咖啡店不单是为了赚钱。

说话不紧不慢,逻辑性强,自信满满,是向锐给别人的第一印象。

2014年6月14日中午,一间装饰很低调的咖啡店里,不时有大学生来此就餐。这间咖啡店是向锐在2013年10月份开办的。

前来就餐的药学院研一学生小陈说:"一杯咖啡十多块钱,一份意大利面也不到20块钱,对学生来说很实惠,价格比校外的咖啡店便宜多了。"

向锐说:"当初开这个咖啡店的目的并不仅仅是为了赚钱,而是为了给校园里有同样创业梦想的人提供一个交流的地方,在这里,会不定期举办各种小型的学术讲座、艺术沙龙,为鼓励在校学生创业,校方也提供了很多帮助。"

成绩:3家店年营业额达300多万元。

除了咖啡店,向锐还在学校的荷园食堂、柳园食堂里开了两家大型餐馆。

在荷园食堂的3楼,有一家名为"校园美味工厂"的餐馆,这是向锐2012年在校园里开办的第一家餐馆。这个面积1000多平方米的餐馆,虽然装修普通,但有十多个包间,菜价便宜,成为很多大学生生日聚会、毕业聚会的首选之地。为了吸引更多顾客,向锐还在一家网站上开通了团购业务,经常有不少校外顾客来该店吃饭。

位于柳园食堂3楼的"同和昌"餐馆是他的第二家餐馆。向锐介绍说,这家餐馆平时主要接待老师及社会人员就餐,所以装修档次高一些。

在友人的再三追问下,向锐透露了他开办的2家餐馆和1家咖啡店的年收益:3家店每年的营业额可达300多万元,创业至今,除去给合伙人的分红外,他已赚了上百万元。

低谷:之前创业曾失败赔了十多万。

向锐谈起自己的创业经历,他也曾遭遇过失败,并为此交了学费。

随后,他与一名社会人员合伙在某大学校门口做起餐饮生意,因为多种原因,最后不但没赚到钱,还赔进去了十多万元。但家里人没有埋怨他,反而资助了他几万元,鼓励他把生意做下去。

执行力很强却很低调。

向锐的合伙人黄璐说,虽然现在已是老板,但是碰到餐馆的下水道堵了、餐桌垃圾该收了等脏活累活,向锐还会亲自去干,向锐对朋友也很讲义气,乐于助人!

思考与讨论

向锐给有志创业的师弟师妹的几条建议:

(1)选择你所关心的和喜欢的方向创业。

(2)创业初期,坚持下去是很重要的品质。

(3)建议选择自己喜欢并且能够把握的项目,不能看到什么挣钱就干什么,那样有些盲目,结果也未必会好。

(4)一个好的合伙人比一个好的项目还重要。

(5)合伙创业中,合伙人之间的财务一定要清楚,关系要好,执行力要强,这样能成为一个好团队而不是团伙。

2. 创业资源的种类

目前创业资源主要分为以下几种。

1) 直接资源和间接资源

按照资源要素对企业战略规划过程的参与程度,创业资源分为直接资源和间接资源。

财务资源、经营管理资源、人才资源、市场资源是直接参与新创企业战略规划的资源要素,可以把它们定义为直接资源。而政策资源、信息资源、科技资源这3项资源要素,对于新创企业的影响更多的是提供了便利和支持,而非直接参与新创企业战略的制定和执行。因此,对于新创企业战略的规划是一种间接作用,可以把它们定义为间接资源。根据上述分析,创业资源的概念模型,如图4-1 所示。

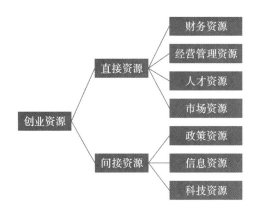

图 4-1 创业资源的概念模型

其中,财务资源主要是考虑是否有足够的启动资金,是否有资金支持新创企业最初几个月的亏损;经营管理资源主要考虑凭什么找到客户,凭什么应对变化,凭什么确保企业运营所需能够及时足量地得到,凭什么让新创企业内部能有效地按照最初设想运转起来;人才资源考虑是否有合适的专业人才来完成所有的任务;市场资源包括营销网络与客户资源、行业经验资源人脉关系,凭什么进入这个行业,这个行业的特点是什么,盈利模式是什么,是否有商业人脉,市场和客户在哪里,销售的途径有哪些;政策资源主要考虑可不可以有一个"助推器"或"孵化器"推进新创企业,比如某些准入政策、鼓励政策、扶持政策或者优惠等;信息资源包括依靠什么来进行决策,从哪里获得决策所需的信息,从哪里获得有关创业资源的信息;科技资源主要考虑新创企业凭什么在市场上去竞争,为社会提供什么样的产品和服务。

2）人力和技术资源、财务资源、生产经营性资源

从巴尼的分类出发,创业时期的资源就其重要性来说,分别有这些细分:组织资源、人力资源、物质资源。由于新创企业的组织资源无疑是这3类中较为薄弱的部分;而人力资源为创业时期最为关键的因素,创业者及其团队的洞察力、知识、能力、经验及社会关系,会影响到整个创业过程的开始与成功;同时,在企业新创时期,专门的知识技能往往掌握在创业者等少数人手中,因而此时的技术资源在事实上和人力资源紧密结合,并且这两种资源可能成为企业竞争优势的重要来源。在物质资源中,创业时期的资源最初主要为财务资源和少量的厂房、设备等。从而,细分后的创业资源经过重新归纳,如图4-2所示。

图 4-2 巴尼等人的创业资源细分概念模型

主要分为以下几种。

(1)人力和技术资源,包括创业者及其团队的能力、经验、社会关系及其掌握的关键技术等。

(2)财务资源,即以货币形式存在的资源。

(3)生产经营性资源,即在企业新创过程中所需的厂房、设施、原材料等。

3)核心资源与非核心资源

根据资源基础论,创业资源可分为核心资源与非核心资源。

核心资源主要包括技术、管理和人力资源。这几类资源涉及新企业有别于其他企业的核心竞争力,是创业机会识别、筛选和运用几大阶段的主线。创业者必须以这几类要素资源为基点,扩展新创企业发展外延。人力资源对于企业来说,主要是种知识财富,是企业创新的源泉。高素质人才的获取和开发是现代企业可持续发展的关键。管理资源又可理解为创业者资源。创业者自身素质对新创企业的成长有至关重要的作用。创业者的个性,对机遇的识别和把握,对其他资源的整合能力是一种积极的机会资源。对于新创企业来说,技术资源是引进和寻找有商业价值的科技成果,是企业的立身之本和市场竞争之源。

非核心资源主要包括资金、场地和环境资源。如何有效地吸收资金资源,并保持稳定的资金周转率,实现预期盈利目标,是创业成功与否的瓶颈课题。场地资源指的是高科技企业用于研发、生产、经营的场所。良好的场地资源能够为企业大幅度降低运营成本,提供便利的生产经营环境,使其短期内累积更多的顾客或质优价廉的供应商。而环境资源作为一种外围资源影响着新创企业的发展。例如,信息资源可以提供给创业者优厚的场地资源、管理团队等关键资源,文化资源又可以促进管理资源的持续发展等。

立足核心资源,发挥非核心资源的作用,实现创业资源最优组合,这就是创业资源运行机制的基本思路。

4)自有资源和外部资源

自有资源来门内部机会积累,是创业者自身所拥有的可用于创业的资源,创业者拥有的自有资源可用于创业的自有资金、自己拥有的技术、自己所获得的创业机会、自建的背销网络、控制的物质资源或管理才能等,甚至在有的时候,创业者所发现的创业机会就是其所拥有的唯一创业资源。

外部资源可以包括如朋友、亲戚、商务伙伴或其他投资者资金,或者包括借来的人、空间、设备和其他原材料(有时是由客户或供应商免费或廉价提供的),或通过提供未来服务、机会等换取的,有些还可能是社会团体或政府资助的管理帮助计划。外部资源更多地来自外部机会发现,而外部机会发现在创业初期起着决定性作用。例如,党的二十大报告提出,构建优质高效的服务业新体系,推动现代服务业同先进制造业、现代农业深度融合。加快发展物联网,建设高效顺畅的流通体系,降低物流成本。加快发展数字经济,促进数字经济和实体经济深度融合,打造具有国际竞争力的数字产业集群。优化基础设施布局、结构、功能和发展模式,调动全社会力量,构建现代化基础设施体系。这些完善的基础设施就是非常优质的外部资源。

创业者在开始创业的时期面临的一个重要问题是资源供给不足。一方面,企业的创新和成长必须消耗大量资源;另一方面,企业自身还很弱小,无法实现资源自我积累和增值。所以,企业只有识别机会,从外部获取到充足的创业资源,才能实现快速成长,这也是创业资源有别于一般企业资源的独特之处。对创业者来说,运用外部资源是一种非常重要的方法,在企业的创立和早期成长阶段尤其如此,其中关键是创业者具有资源的使用权并能控制或影响资源部署。

自有资源的拥有状况将在很大程度上影响甚至决定人们获取外部资源的结果。"打铁还要自身硬",立志创业者要致力于扩大提升自有资源,自有资源的拥有状况(特别是技术和人力资源)可以帮助创业者获得和运用外部资源。

4.1.2 创业资源与一般商业资源的异同

1. 创业资源与一般商业资源的相同点

创业资源作为商业资源的一种,具有商业资源的普遍特征。

首先,两者都具有稀缺性。资源相对于创业需求是稀缺的,这里所说的创业资源的稀缺性,既不是说这种资源不可再生或可以耗尽,也与这种资源的绝对量大小无关,而是指这样一个事实:与成熟企业相比,新创企业缺少时空上的资源积累,即在给定的时间内,与创业资源的需求相比,其供给量相对不足。

其次,两者包含内容相同。创业资源和商业资源从包含内容上来讲都涵盖了厂房、场地、设备等有形资源,以及企业名称、商标、专利、营销能力、管理制度、信息资料、企业文化等无形资源。

2. 创业资源与一般商业资源的不同点

创业资源作为一种特殊的资源具有其典型的几个特点。

第一,创业资源多为外部资源。新创企业创业资源短缺,意味着企业直接控制的内部资源不足。创业者选择的途径是使外部资源内化(股权安排、战略联盟、专业化协作、信用贸易等)。利用外部资源既能解决创业资源的短缺问题,又能大大减少公司的风险与固定成本,加上创业公司本身的市场地位和市场空间都不测。所以利用外部资源可以避免将来废弃这些资源的风险。

第二,创业者在创业资源中的作用举足轻重。Bird指出,创业家开创事业的意图与开创事业前的决定都是之后新企业目标、策略与结构的成型因素,并且对日后新创公司的存活、成长与获利都有所影响。所以创业者是创业过程中最重要的创业资源。当然,雇员的素质也是一种特别重要的人力资源,创业者可以应用市场力量(金钱、竞争等)和个人人格力量(如承诺、经验、品格等)影响雇员的投入。

第三,专有化高的知识在创业资源中至关重要。创业所需要的资源中,知识是非常重要的一项,它为公司实施差异化战略提供了基础,一般是公司核心竞争力的根源所在,可为新创公司在某些方面建立一定的竞争优势。这种竞争优势,一方面取决于这种资源本身的价值,也和企业对于这项资源的运用方式和其他相关资源的配合密切相关。另一方面专有化高的知识不容易交易,比显性知识更容易建立起竞争优势。

1.1.3 其他资源对创业资源的作用

创业资源对创业成长具有重要的支持作用,在创业过程中,创业者的工作重点应当放在如何有效地吸收更多的创业资源并且进一步整合到企业的竞争优势上。

1. 技术资源和人力资源是决定资源

人力资源包括创业者及其团队的特长、知识和激情,以及创业者及其团队拥有的能力、经验、意识、社会关系、市场信息等。创业团队自身的人力资源为创业时期中最为关键的因素。创业者及其团队的洞察力、知识、能力、经验及社会关系影响到整个创业过程的开始与成功。技术资源是决定新创企业产品的市场竞争力和获利能力的决定性因素。

2. 财务资源是根本资源

新创企业要想正常运行,最根本的保障是财务资源。新创企业的经济活动,从原材料采购、运输、组织生产加工到产成品销售等各项活动能否顺利进行,取决于各个环节的资金保障。在创业初期,创业者一般没有太多的资金,而且新创企业在初创期需购置相对较多的资产,所以一些新创企业经常会出现资金短缺现象进而制约其成长,而合理的财务资源管理为新创企业解决了资金的后顾之忧。

3. 信息资源是重要资源

新创企业要想在复杂多变的社会经济环境中生存和发展,就必须有准确、真实便利的信息做保障。在创业的早期阶段,信息对创业者来说更为重要,尤其是对于计算机、通信和网络等高科技企业来说,良好的信息资源能为新创企业提供快捷、便利、全面的技术信息、创新信息、市场信息等,使新创企业在激烈的市场竞争中得到快速发展。

当然,新创企业要想茁壮成长,除了运用好以上几种资源外,也必须对政策资源、市场资源、经营管理资源等其他创业资源统筹运用。例如,党的二十大报告提出,推动战略性新兴产业融合集群发展,构建新一代信息技术、人工智能、生物技术、新能源、新材料、高端装备、绿色环保等一批新的增长引擎。这个就是很好的信息资源,也是政策资源。合理整合最新的政策资源,发展信息技术、人工智能、生物技术、新能源、新材料、高端装备、绿色环保等产业是未来的大趋势,是我们大学生首先应该选择的创业方向。

4.2 项目资源整合

整合资源的能力远胜于取得创业资源的能力。不管资源准备如何充分,我们也不可能预见创业后的所有问题。任何一个创业者都不可能在想出了所有问题的答案后再创业。资源的重要性不言而喻,但如果自身资源欠缺,是否就要放弃创业机会呢?其实,我们可以整合利用我们身边的各类资源,为我们的创业项目披荆斩棘。

 创业名言

创业就应该做一件天塌下来都能够赚钱的事情。

——李嘉诚

野蛮社会,体力可以统御财力和智力;资本社会,财力可以雇用体力和智力;信息社会,智力可以整合财力和体力。

——牛根生

4.2.1 充分利用现有资源

大学生创业存在的主要问题是信息不对称。有不少身边的创业资源,还没有被我们大学生知晓、了解,更谈不上加以运用了。目前高校系统聚集了大量的可以帮助大学生创业的资源。有创业意愿的大学生应该留意这些在身边的资源,并加以充分利用,不但能更好地提高自己判断分析和把握机遇的能力,而且也可能会孕育出很好的机会。

1. 高校创业教育与创业指导

目前各高校开设了创业课程、成立了创业者协会、购建了创业空间,并且会定期或不定期开展各类创业沙龙、创业讲座等。同学们可以利用学校的资源与志同道合的朋友开展头脑风暴,也可以向创业导师请教各类创业问题。

目前,各高校的创业基础课有的已经作为必修课列入了人才培养的素质教育模块。记学分的创业创新课题不仅由学校的老师来讲,也邀请校外企业家授课,采取理论讲授、案例剖析、创业比赛、专家辅导、实战模拟等一系列创新的教育方法和手段,帮助同学们对创业要素、创业过程,以及创业者会遇到的问题有更为透彻且全面的了解。

大多数的学校还组织来自企业、高校、科研单位和政府职能部门的有关人士成立大学生创业导师团,通过创业讲座、政策咨询、业务指导等方式,为学生创业团队现身说法、答疑解惑,提供项目论证、业务咨询和决策参考等服务,甚至发掘有潜力的创业项目进行跟踪辅导。学校团委还会积极组织学生参加各类创新创业大赛,为青年创业者搭建平台,积极引导青年人创业。

课堂练习

你了解到身边有哪些可以利用的创业资源?

2. 创业基金

为鼓励创业,政府出台了一系列支持计划,其中一个与大学生创业有密切联系的是中国青年创业国际计划(YBC)。各地也先后出台了有关计划或者设置相应的基金。国家为扶持

第4章 项目来源与评估

学生创业还出台三年免息的优惠资金使用政策。另外,中国中央电视台以及各地电视台举办的类似节目也设置有创业基金。有一些企业或者企业家在高校或者学生团体组织系统设置有大学生创业基金。

 课堂练习

国家鼓励创业的有关政策,你都了解哪些?

4.2.2 获取有效资源的途径

1. 获取技术资源的途径

获取起步项目所依赖技术的途径方式有:
(1) 吸引技术持有者加入创业团队。
(2) 购买他人的成熟技术,并进行技术市场寿命分析。
(3) 购买他人的前景型技术,通过后续的完善开发,达到商业化要求。
(4) 同时购买技术和引进技术持有者。
(5) 自己研发,但这种方式需要时间长,耗资大。

创业者应该随时关注各高校实验室,以及老师或者学生的研发成果,定期去国家专利局查阅各种申请专利,及时关注科技信息,浏览各种科技报道,留意科技成果,从中发现具有巨大商机的技术。

2. 获取人力资源的途径

这里的人力资源不是指创业企业成立以后需要招募的员工,而是指创业者及其团队拥有的知识、技能、经验、人际关系、商务网络等。可以通过以下几个途径提高创业团队的各项能力。

第一,刻苦学习相关知识。

知识可以促进能力的发展。任何能力的形成和提高都是在掌握和运用知识的过程中完成的,创业能力也不例外。在学习文化专业知识的过程中,认真思考,吸取前人的经验,同时也锻炼了自己综合分析问题的能力。知识就是力量,要使知识变成力量,一定要有能力。不能死读书,读死书。要学会将学习、思考、实践综合起来,经过自己的消化,吸收转化为运用知识的手段和本领,进而为创业能力的形成和提高打下坚实的基础。

第二,实践是提高创业能力的唯一途径。

创业能力的形成和提高必须在创业实践中才能实现。创业者应根据自身和专业特点,培养自己强烈的创业意识、成功意识,在认真学习专业知识的基础上,积极参与创业实践活动。大学生可以利用空闲时间和家人、朋友或同学合伙投入一点资金进行经营活动,参与家庭或他人的创业活动;可以参加创业实践情景模拟、进行有关创业活动的情境体验,如招聘、面试、产品推销等;可以利用实习期间进行创业实践训练。创业活动正式启动之前,可以单独或与同学轮流租赁或承包一个小店铺,进行加工、修理、销售、服务等,在"真刀真枪"的创业实践中提高自己的创业能力。

第三,参加各种创业或相关的培训。

创业培训是对具有创业愿望和相应条件的人员,以及小企业经营管理者进行企业创办能力、市场经营素质等方面的培训,并对他们在企业开办、经营过程中给予一定的政策指导。创业培训是近年来国家培训工作在促进创业中逐渐发展起来的一种新的培训。

3. 获取外部资金资源的途径

对于外部资金资源的获取,一般可通过以下 5 种途径获得。

(1) 依靠亲朋好友筹集资金,双方形成债权债务关系。

(2) 抵押、银行贷款或企业贷款。

(3) 争取政府某个计划的资金支持。

(4) 所有权融资。包括吸引新的拥有资金的创业同盟者加入创业团队,吸引现有企业以股东身份向新企业投资、参与创业活动,以及吸引企业孵化器或创业投资者的股权资金投入等。

(5) 一个详尽可行的创业计划,以吸引一些大学生创业基金甚至风险投资基金的投入。在获取外部资源之前,记住一个企业家曾经说过的一段话:"创业首先要用自己的钱干起来,你自己的钱不先投进去,凭什么让别人为你投钱?"

4. 获取市场与政策信息资源的途径

一般而言,获取市场与政策信息资源的途径主要有:通过政府机构、同行创业者或同行企业专业信息机构、图书馆、大学研究机构、新闻媒体、会议及互联网等获取。对于这些信息的获得,创业者可以根据自己的实际情况与各种方式的特点,选择一种或多种方式,尽可能获取有效的、需要的信息。

4.3 项目融资

4.3.1 项目融资分析

创业融资是指创业者根据其创业计划,通过不同的融资渠道,并运用一定的融资方式,经济有效地筹集所需资金的财务活动。创业离不开资金,创业者要使企业成立并能够走向正常经营,最重要的一步就是筹集到所需资金。

创业名言

高筑墙、广积粮、缓称王。

——朱升

一个公司在两种情况下最容易犯错误,第一是有太多的钱的时候,第二是面对太多的机会,一个CEO看到的不应该是机会,因为机会无处不在,一个CEO更应该看到灾难,并把灾难扼杀在摇篮里。

——马云

1. 新企业不同发展阶段的资金来源

企业在成长的不同时期,面临的挑战也不同,融资需求和方式会随之发生改变。为了便于理解,将新创企业的发展过程分为初创期和成长期两个阶段。新创企业在这两个阶段,处于不同的发展状态,在企业规模、资金需求、融资方式等方面都有差别。

1) 初创期

在这一阶段,企业已经成立,有了一个处于初级阶段的产品,并有数量有限的顾客试用,费用在增加,但仍没有销售收入。到这个阶段末期,企业完成产品定型着手实施其市场开拓计划。这个阶段的技术风险逐渐减少,但投资成功率较低。这个阶段的资金来源主要有创业者的自有资金、向亲戚朋友借入的资金、民间借贷、吸收合伙人投资及创业投资。

2）成长期

在这一阶段,企业开始出售产品和服务,但支出仍大于收入。在最初的试销阶段获得成功后,企业需要投资,以提高生产和销售能力。企业的生产、销售、服务已具备成功的条件,企业希望组建自己的销售队伍、扩大生产线,增强其研究开发后劲,进一步开拓市场,拓展其生产能力或服务能力。企业逐步形成经济规模,开始达到市场占有率目标,优秀企业开始考虑上市计划。这一阶段资金需求量更大,股权投资者往往希望在这一阶段提供资本。在股本金额增加的同时,企业还可以争取各种形式的债务资金,如银行贷款、信用担保贷款、小额贷款、公司贷款等信保资金。

2. 新企业融资与一般企业融资的差别

对于时刻都有可能面临生存问题的新创企业来说,融资显得非常重要。创业融资是企业在设立与发展期间的重要活动。企业在不同的发展阶段,采用不同的组织形式,其融资渠道和方式的选择都会有差异。

一般企业融资比创业融资更加具有优势,可以借助成熟的资本市场进行融资,会有更多的融资渠道可供选择;而新创企业融资,可能只是有一个好的创意,没有形成产品,由于存在较大的技术风险和不确定性,融资渠道的选择面更窄。新创企业作为企业发展的初级阶段,在以下几个方面都与一般企业存在差异,如表 4-1 所示。

表 4-1 新创企业融资和一般企业融资的差别

指标	新创企业	一般企业
资金来源	资金来源很少,无法借助成熟的资本市场	资金来源较多,可以和成熟的资本市场直接对接
资金数量	相对较小	一般较大
资金用途	用于解决威胁企业生存的急需问题	用于企业持续、快速发展的一般问题
融资方式	融资方式单一	融资方式较多,可以组合融资
融资难易程度	较难	相对容易
资金风险	相对较大	适中
资金回报率	可能较大	适中

3. 创业融资难的影响因素

新创企业融资困难的原因是多方面的,主要有新创企业自身原因以及外部融资环境因素的影响。

1) 新创企业自身的原因

一是新创企业缺乏足够的有形资产做担保。新创企业的资产构成以无形资产为主,它包括企业独家拥有的专利(或专有)技术和以此为基础开发出来的技术产品、流程和服务,以及创业人员的智力资本。相比之下,新创企业的有形资产则较少,一般不能达到银行提供贷款的要求。

二是新创企业未来发展具有不确定性。新创企业创建时间短、规模小、底子薄,不具备足够的资本强度,抗风险能力差而且创业成功率低,这是我国新创企业的显著特征,这使得银行及创业投资机构对新创企业的融资不得不采取更为谨慎的态度。

三是新创企业在起步阶段往往管理机制不够完善,与投资者、债权人存在信息不对称的情况,投资者、债权人可能不了解企业的真实情况,因而不会轻易投资。

四是部分新创企业对信用的培育不够重视。由于许多新创企业为了自身的生存发展,对所借款项采取能拖就拖、甚至贷款不还的方式来维持企业的正常运营,而这种行为降低了企业在银行的信用度。给企业日后的融资造成了障碍。

2) 融资市场不规范、政策法规不健全

我国金融市场的发育还不够完善,虽然早在 2002 年就已经出台了《中华人民共和国中小企业促进法》。但在促进新创企业融资的同时,却存在信用定价机制缺乏对债权人权利的保护不尽如人意。融资担保行业法律法规不健全,以及创业投资的退出机制缺乏等问题。这就亟须政府加快相关法律的出台,完善我国新创企业融资的相关法律、法规体系。

3) 融资渠道不畅、融资结构不够合理

虽然我国有政府的政策支持、银行贷款、创业基金、创业投资、创业板市场等融资渠道。但有些融资渠道在我国的发展并不成熟。具体表现在:首先,创业投资作用有限。我国创业投资起步晚。发展时间较短、数量较少、发挥的功能还很有限。再者,创业投资注重的是短期行为,追求的是高利润,而新创企业难以满足其目的,所以很多创业投资商并不热衷于投资新创企业。其次,民间资本的利用率低。我国民间财富巨大,但多数都作为存款存在银行,只有较少的一部分作为个人投资流入资本市场。再次,由于新创企业一般不能提供银行贷款所需的抵押担保物,因此难以获得银行贷款。最后,创业板市场推出时间较短,入市的门槛高也使得新创企业难以通过在创业板发行股票融资。

4. 创业融资原则

1) 效益性原则

新创企业进行融资的目的是进行投资从而获得更大的经济效益,

而通过融资吸纳进来的资金是要支付一定成本的。不同融资方式筹集的资金,其支付的成本也是不尽相同的。企业在进行融资活动时,应当考虑资金的成本,综合平衡资金的效益性。

2）合理性原则

考虑到资金的使用成本和企业的风险承受能力,新创企业在融资时要合理地确定融资的金额和期限,并确定合理的融资结构。融资规模过大,不仅会导致资金闲置浪费,而且会导致融资成本增加,加大企业财务风险;融资规模过小,则导致企业资金供应紧张,影响企业正常的运营和业务发展。

3）及时性原则

在市场经济条件下,创业机会往往稍纵即逝,如果企业不能及时获得所需要的资金进行投资而使新产品不能及时开发,不仅有可能导致新产品过时而丧失市场机会,还有可能使竞争对手提前进入而使竞争对手获得时间优势和"先发制人优势",导致自身产品丧失竞争力。

4）合法性原则

合法性原则要求新创企业在融资时,融资目的和采用的融资方式要符合国家法律法规的规定,通过合法的渠道来筹集企业所需要的资金,不能非法集资。

张先生的砖厂

张先生在成都郊区创办了一家小砖厂。他向这个快速发展的城市的建筑工地供砖,每块砖卖1角钱。他很担心,因为过去几个月里他都没有盈利。他决定采取更加大胆的促销活动来增加他的销售额,每块砖卖9分钱。结果是他的销售量大大地增加了,但他赔了更多的钱。

思考与讨论

问题可能出在哪里?

富勒的筹资

富勒想筹集一笔款项购买某肥皂公司,他只有2.5万美元的存款,而公司售价却高达12.5万美元。他交了2.5万美元的保证金,必须在10天内筹集齐剩下的款项,否则就要丧失他所交付的保证金。富勒在他当肥皂商的12年中,获得了许多商人的尊敬和赏识,现在他去找他们帮忙。他从私交的朋友那里借了一些钱,又从信贷公司和投资集团那里获得了援助。在第10天的前夜,他筹集了9万美元,还差1万美元。怎么办?夜里1点钟,富勒决定驱车到街上去碰碰运气,他看见一所承包商事务所亮着灯光。他走进去,看见一个他认识但不是很熟悉的人在灯下工作,富勒意识到自己必须勇敢些。"你想赚1000美元吗?"富勒直截了当地问道。这句话使得这位承包商吓得向后仰去。"是呀,当然啦!"他回答道。"那么,请给我开一张1万美元的支票,当我奉还这笔借款时,我将另付1000美元利息。"富勒对那个人说。他把其他借钱给他的人的名单给这位承包商看,并且在详细解释了这次商业冒险的情况后,他最终获得了这笔借款。

思考与讨论

富勒在筹集资金的过程中采用了哪些筹资方法?富勒筹资成功得益于他哪些方面的特质?

4.3.2 项目所需资金的预算

创业者必须先要有一定的资金,才可以开展自己的经营活动。创业者需要筹集哪些资金?需要的资金规模有多大?企业正常运转后,又需要准备多少资金?这些都是创业前必须考虑的问题。

1. 启动资金的预算

在创业者对市场有了一定的分析和了解并确定产品的市场状况良好后,创业者下一步要做的一项非常重要的工作就是确定开办企业必须购买的物资和必要的开支,并测算总费用,这些费用称为启动资金。

1) 启动资金的类型

启动资金分为固定资产投资和流动资金两部分,主要用来支付场地(土地和建筑)、办公家具和设备、机器、原材料和商品库存、营业执照和许可证、开业前广告和促销、工资、水电费和电话费等费用。

固定资产是指企业购买的价值较高、使用寿命长的资产,如使用期限超过一年的房屋、建筑物、机器、机械、运输工具,以及其他与生产经营有关的设备、器具和工具等。不同的企业所需的固定资产不同,有的企业用很少的投资就能开办,而有的却需要大量的投资才能启动。在创办企业时应尽可能把必要的投资降到最低,让企业少承担风险。

流动资金是指项目投产后,为进行正常生产运营,用于购买的原材料、燃料、支付工资及其他经营费用等一些必不可少的周转资金。

2)启动资金的预测

创业者要认真而详细地对固定资产投资和流动资金进行预测,不同类型的企业所需的资金会有所不同。

(1)固定资产投资预测。

对于企业而言,最主要的固定资产投资就是企业用地和建筑投资,以及设备投资。对营业地点的选择,创业初期我们可以根据自己的条件及工作性质,确定企业具体需要什么样的场地和建筑等。当你清楚了需要什么样的场地和建筑时,就要做出正确的选择。还有就是设备投资,设备是指你的企业所需要的所有的机器、工具、工作设施、车辆、办公家具等。一些企业需要在设备上大量投资,因此了解清楚需要什么设备,以及选择正确的设备类型就显得非常重要。即便是只需少量设备的企业,也要慎重考虑是否确实需要购买那些设备。

(2)流动资金预测。

企业开张后要运转一段时间才能有销售收入。制造性企业在销售之前必须先把产品生产出来;服务性企业在开始提供服务之前要买材料和办公用品;零售商和批发商在卖货之前必须先买货。所有企业在揽来顾客之前都必须先花时间和费用进行促销。总之,你需要流动资金支付的开销有:购买并储存原材料和成品;促销费用;工资;租金;保险和其他费用。

一般而言,创业者必须准备足够的流动资金来维持企业的正常运转。不同类型的企业对流动资金规模要求不同,一些企业需要足够的流动资金来支付6个月的全部费用。还有一些企业只需要支付3个月的费用。创业者必须预测,在获得销售收入之前,新创企业能够支撑多久。

一是购买原材料和成品费用。制造性企业生产产品需要原材料,服务性企业的经营者也需要一些材料,零售商和批发商需要储存商品来出售。创业者预计的库存越多,需要用于采购的流动资金就越多。既然购买存货需要资金,创业者应该将库存量降到最低。如果创办的是一个制造性企业,创业者必须预测生产需要多少原材料库存,这样可以计算出在获得销售收入之前需要多少流动资金。如果是一个服务性企业,创业者必须预测在顾客付款之前,提供服务需要多少材料库存。零售商和批发商必须在开始营业之前,预测需要多少商品存货。

二是促销费用。新创企业开张后,由于消费者对自己生产的产品或者提供的服务还不了解,为了让消费者购买自己的产品或服务,就需要对自己的产品或服务进行促销活动,而促销活动需要一些费用开支。

三是工资。如果新创企业雇用员工在起步阶段就得给员工支付工资。创业者还要以工资方式支付自己家庭的生活费用。计算流动资金时,要计算用于发工资的资金,只要通过用每月工资总数乘以还没达到收支平衡的月数就可以计算出来。

四是租金。正常情况下,新创企业一开始运转就要支付企业用地和用房的租金,计算流动资金中用于房租的金额,用月租金额乘以还没达到收支平衡的月数就可以计算出来。而且,创业者还要考虑到租金可能一付就是3个月或6个月,如此会占用更多的流动资金。

五是保险。同样,企业一开始运转,就必须投保并支付员工医疗保险、养老保险、工伤保险等相关保险费,这也需要流动资金。

六是其他费用。在企业起步阶段,还要支付一些其他费用。例如,电费、办公用品费、交通费等。

 案例

开办一家小型餐馆的资金预算

李东升大学毕业后准备开办一家小型餐馆,在经过考察以后,他决定租用一间120平方米的门面房,下面是他开办餐馆进行的资金预算(不同城市及地段各项费用会有差别,本例数据仅作参考)。

(1) 房租:每月租金7000元,先预付6个月,共计42000元。

(2) 店铺装修:普通的中小型餐馆,装修每平方米约500元。120平方米的餐馆需投入装修费约60000元。

(3) 营业设备:厨具、餐具、桌椅、柜台、电脑、打印机、电话等,费用大约为30000元。

(4) 人员工资:120平方米的餐馆须聘请厨师、杂工各2人,服务员2人。其中厨师每月的平均工资为6000元,其他人员每人每月工资及保险费平均为2500元,预备3个月,共计66000元。

(5) 原材料储备:参考其他餐馆情况,初步确定为5000元。

(6) 固定开支预算:水费、电费、煤气费、通信费、卫生管理费、税收等费用,每月预算2000元,预备3个月,共计6000元。

(7) 其他开支:约5000元。

以上各项费用合计约214000元。

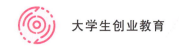

问题

开设这样一家120平方米的小型餐馆,需要启动资金约214000元?

2. 运转过程中所需资金的预测

为了使企业能正常地运转,企业必须有足够的资金予以保障,这就需要制定现金流量计划。现金就像是使企业这台发动机运转的燃料,有些企业由于缺乏管理现金流量的能力,可能会影响企业的正常经营。在大多数企业中,每天都要收取和支付现金,成功的创业者都要制定现金流量计划。现金流量计划显示每个月预计会有多少现金流入和流出企业。预测现金流量将帮助你的企业保持充足的动力,使你的企业不会出现现金短缺的情况。当然,制定现金流量计划绝非易事,常常会有下列因素影响其准确性。

第一,有些销售需要赊账,赊销通常在几个月后才能收回现金。创业者在制定市场营销计划时,已经决定了赊销政策,因此需要考虑到这个因素。

第二,有时企业采购会先赊账,之后再付现金,这也会使现金流量计划的制定变得更加复杂。但赊购对于一个新创企业而言不太可能,因而也就不太常见。

第三,新创企业的某些费用是"非现金"的,如设备折旧等项目将不包括在现金流量计划里。但是,当设备折旧期一过,就可能丧失功能,必须购买新设备。若没有考虑到这个因素,现金准备不足,不能按时购进新设备,将会影响企业的正常运转。通过制定现金流量计划,会使创业者明确流动资金需求量。现金流量计划有助于保障企业在任何时候都不会出现无现金经营的情况。为了保证新创企业的正常运转,一旦发现现金短缺,企业应尽快考虑筹措资金的渠道和方式。

4.4 项目评估

4.4.1 对项目进行商业评估的内容

商机评估包括以下4个主要部分,即自身条件评估、市场需求分析、盈利模式探讨和竞争优势研究,如图4-3所示。

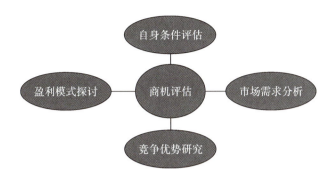

图 4-3　商机评估的 4 个主要部分

 创业名言

生活是公平的,哪怕吃了很多苦,只要你坚持下去,一定会有收获,即使最后失败了,你也获得了别人不具备的经历。

——马云

任何时候做任何事,订最好的计划,尽最大的努力,做最坏的准备。

——李想

4.4.2　对项目进行商业评估的方法

1. 确定创业项目时的注意事项

1)先调研后决策

当创业者初选了创业项目之后,不要忘记还有一个重要的环节——市场调研。通过详尽的市场调研之后,就可以对创业项目的市场潜力有一定的了解。然后再结合其他因素,对创业项目进行一次严格的商业评估。

2)先评估再立项

商业评估是项目可行性调研的重要环节,即并不是我们喜欢什么,就可以做成什么。任何一个创业项目的成功,都不是偶然的。创业者必须考量:我的产品或服务会被市场接受吗?顾客会信赖我的产品吗?市场上是不是早已经存在着很多强劲的竞争对手?谁在为我

的目标顾客提供着同样的产品和服务?

企业家提示:为了对自己几年后的企业负责,你一定要对创业项目有一个清晰的了解,首先要做市场调研和分析,对未来的创业项目做一个完整的商业评估。

2. 方向正确,才能创业成功

随着创业者逐步迈入创业的大门,会发现有些事和原来预料的并不一样。作为创业导师,我们曾目睹过许多创业的成败,在创业过程中,有一个共同的特点:往往不是一些专业的问题决定了事业的成败,而是你的创业方向是否正确。

有了市场调研和商业评估,你就可以做出判断,你的设想是可以获得持久的成功,还是应该尽早放弃。在创业的过程中,最糟糕的感觉应该就是犹豫不决、惊慌失措了。一次成功的市场调研,就是你事业稳步发展的保障。

企业家提示:

信息缺乏是导致创业失败的第二大原因。很多的创业失败可以归结为创业者的信息匮乏:创业者对市场发生的情况了解不多,过于乐观地估计了自己产品和服务的市场需求。

3. 跟成功的创业者学习创业

企业经营管理咨询并非只有大企业才需要,对所有的创业者来说向创业导师请教是非常必要的。当然,这位导师一定是有自主创业实践经验的企业家。就像我们学开车,不可能跟一位只知道开车的理论技巧而自己没开过车的人学习,创业也一样,是一个实践的过程。在实践面前,理论对你的帮助十分有限。

4.4.3 个人与创业项目的匹配

判断创业机会是否适合自己的主要依据,在于机会特征与个人特质的匹配度。

1. 失败是成功之母

无数成功的企业家在成功之前都和大多数人一样平凡,唯一与众不同的是他们具有天生的乐观主义精神、坚定的自信,以及顽强的、百折不挠的毅力。困难也曾光顾过他们最初的事业,但最后都被他们踩在了脚下。

2. 认真审视自己

首先你要了解创业过程中必须要经历的几个阶段,然后衡量自己的性格、爱好、特点,看你是否适合创业、是否适合做这个项目。

（1）你是否为创业做好了心理准备？

创业开始的前三年,也称为企业的初创期,这时你不仅要有实现创业梦想的强烈欲望,还要能忍受创业初期的寂寞。要知道,不论多么好的项目,也都要经历一个潜伏期才会盈利。要有危机意识,时刻准备承受困难和坎坷,具有坚忍的心理素质,不要轻易喜怒,保持平和心态。

（2）你是否为创业做好了知识准备？

创业是一个漫长的实践过程,创业之初的你,定是一个多面手。你的企业是否具有核心技术是生存的关键。你的盈利模式要不断调整,因为一旦你踏上创业的征程,就好比你创业的帆船已经起航,你已经回不到起点了,必须用毅力坚持下去,并且为了企业生存而不断学习。是否会分析市场？是否懂得企业管理？是否会策划营销方案？是否看得懂财务报表？创业其实也是一个不断学习、不断提高的过程。干中学,学中干,不断提高自己的知识水平。

（3）你是否为创业做好了能力准备？

创业也是分阶段的,不同的时期对经营者有不同的要求。当事业取得阶段性的成功时,你一定要清醒。企业的经营成果说明了你的经营能力,使你信心倍增,此时也许感到"轻舟已过万重山"。但是,你要用平和的心态去面对暂时的成功。最新的研究表明,成活超过十年的企业,才可以算是创业成功的企业。因为一个企业要建立自己相对稳定的盈利模式,需要对市场进行长时期的研究和适应。是否具有团队协调能力？是否会识人、用人？是否善于发现和预知市场？这些能力其实很大成分是创业者在创业过程中日积月累的一种直觉。

3. 不断学习,不断调整

所谓自身条件评估,就是要思考一下你是否为你的创业做好了心理和生理的准备？是否做好了资金和场地的准备？是否做好了应对失败和成功的思想准备？你是否具备了经营管理一个企业的基本技能？如果在评估中发现自己哪些素质还有欠缺,就要注意在创业中不断学习提高,以适应创业的需要。

企业家提示:成功的路从来就没有平坦的。决定创业是否成功的主要因素,还是创业者本人的素质。创业项目的成功与否,并不完全取决于资金、市场和营销,最关键还是取决于创业者的素质。

4.4.4 创业项目风险的识别与防范

1. 创业风险识别的方法

创业者应该清醒地认识到,没有风险就不会有超额利润或收益。因此,有得必有失,发生一定的损失是不可避免的。问题的关键在于密切监视这些风险并将损失控制在可接受范围内,如果说风险识别存在一个核心的话,那就是创业者能够清楚地认识到自身所承受风险的程度,并从容地继续其业务发展。现代创业者面对的运营环境急剧变化,创业主体若要生存,必须在回避风险、寻找商机之余,确保经营利益。创业风险识别的目标,也就在于如何正确发现及识别创业风险,从而有效地为控制风险奠定基础。

 | 创业名言

互联网上失败一定是自己造成的,要不就是脑子发热,要不就是脑子不热,太冷了。

——马云

给自己留了后路相当于是劝自己不要全力以赴。

——王石

识别创业风险的方法有很多。这里主要介绍 3 种:环境分析法、财务报表分析法、专家调查法。

1)环境分析法

创业环境的构成极其复杂。自然、经济、政治、社会、技术等构成宏观环境,而微观环境主要包括:投资者、消费者、供应商、政府部门和竞争者等。在不同的环境下,创业者对创业风险识别的特定方法是指通过对环境的分析。明确机会与威胁,发现企业的优势和劣势,找出这些环境可能引发的风险和损失。

运用环境分析法,重点是分析环境的不确定性及变动趋势。例如,市场是否有新的竞争对手介入,竞争对手变动趋势是什么,市场需求因素对产品销售将产生什么影响等。这些不确定因素往往使经营难以预料。同时,要分析环境中的变动因素及其相互作用的产生对企业的各种制约和影响。此外,应从整体角度分析外部环境与内部环境的相互作用及其影响程度。

2）财务报表分析法

财务报表分析法是以企业的资产负债表、利润表以及财务状况等资料为依据,对企业的固定资产、流动资产等情况进行风险分析,以便从财务的角度发现企业面临的潜在风险。由于报表集中反映了企业财务状况和经营成果,因此通过分析报表,可以为发现风险因素提供线索。这种方法成为风险识别的有力手段。

3）专家调查法

专家调查法是一种重要而又广为应用的风险识别方法,它是引用专家的经验、知识和能力,又发挥专家的特长,对风险的可能性及其后果做出估计。一般来说,运用专家调查法的基本步骤为:第一,选择主要的风险项目,选聘相关领域的专家;第二,专家对各类可能出现的风险进行评估、评分;第三,回收专家意见并整理分析,再将结果反馈给专家;第四,再把专家的第一轮结果汇总反馈,不断回收和反馈,直到结果满意为止。

2. 创业风险的防范措施

在残酷的市场竞争中,只有比例很小的人能够成功,大多数人都会面临失败。为避免造成重大经济损失和社会不良影响,每个创业者都应谨慎地进行风险防范。对于创业者来说,应针对其创业的特性,加强创业风险的防范措施。

1）做好规避创业风险的心理准备

创业的基本前提不仅是投资,也不仅仅是要有一个好的产品,更重要的是创业者良好的心态。因为创业是一件残酷的事情,拥有一个良好的心态是每个创业者步入成熟、走向成功的基础。首先,创业风险是客观存在的、不可避免的,创业者不能因为惧怕创业风险的存在而放弃创业。其次,要做好面对失败,做好在挫折失败中奋起的心理准备。要克服失败的恐惧和克服急功近利的心理。及时总结和反省错误并吸取教训。在失败面前不气馁,就能找到成就事业的新起点。另外,还要积极参与各项实践活动。例如,在校期间多参加社团组织的活动和社会实践等活动。

磨炼自己的心志,提高自己的综合素质,努力强化创业必备的 5 大硬件:积累经验、准备资金、掌握技术、锻炼能力和学习法律。

2）通过风险识别来规避风险,系统地发现潜在风险的过程

风险识别是指在风险还没有发生前,仔细检查企业管理的各个环节,运用各种方法进行风险识别,需要回答的问题有:

(1) 同类型的企业出现过什么风险?

(2) 现在潜在的风险有哪些?

(3) 引起这些风险的原因各是什么?

(4) 这些风险引起的后果是什么?

(5) 在这些风险中,哪些要优先解决?

(6) 有什么方法解决这些风险?

3) 做好创业计划书规避风险

创业者在准备创业前,需要出具一份完整的创业计划书。在创业过程中,一份完整的创业计划书是整个创业过程的灵魂。它是创业者创办企业的蓝图。在某些时候,创业计划书是敲门砖,它可以帮助创业者说服他人合资、入股,或募得一笔创业基金。一份优秀的创业计划书往往能达到事半功倍的效果。

4) 创业初期制定好战略

根据企业生命周期理论,创业初期,企业经营的好坏直接影响企业的生存与否,并且是最容易遭遇困难或失败的时期,对于刚刚成立的中小企业,冲过初期的生死线是企业存在和发展的前提。因此,在创业之初合理规避风险、保证企业走上良好发展的道路非常关键。生存是创业期企业战略的核心,这就需要企业在创业初期探索到适合企业的生存模式。对于创业者,首先要制定好规避创业风险的战略来保证企业能在残酷的竞争中生存下来,一般包括:规避市场风险战略、规避财务风险战略、规避人力资源风险战略等。

 案例

杨雪的饰品店

杨雪同学一直想办一个企业,做销售饰品的生意,因为她所在的大学女生居多,对饰品有很大的需求。杨雪的母亲非常支持她创业,让她用家里的房子作担保向银行申请贷款。杨雪得到贷款后立刻行动。她在学校附近租了间大门面,一番装修,购买了电脑、电话、打印机、音响、沙发、饮水机等设备,还买了一辆车,并在车上喷涂了公司LOGO。杨雪告诉母亲,精致的装修能帮助企业树立良好的形象,也有助于吸引更多的客户。杨雪开创的饰品店开张了。所售饰品非常受顾客欢迎,需求量很大,顾客还自发帮她宣传。

到年底时,杨雪发现现有资金流严重不足,不能继续支付银行的贷款。银行却"雪上加霜"中止了贷款,并要求尽快偿还剩余贷款,杨雪被迫宣布公司倒闭。杨雪的母亲有可能失去家里的房产。

思考与讨论

(1) 杨雪的企业存在哪些风险?

(2)如果你是杨雪,应如何应对?

 思考题

(1)创业资源与一般商业资源有何异同?
(2)简述一般企业运转过程中所需资金的预测的步骤。
(3)判断创业机会是否适合自己的主要依据是什么?

第 5 章　产品与目标市场

本章要点

(1) 产品的概念。
(2) 产品的生命周期。
(3) 市场细分。
(4) 目标市场选择。

5.1　产品的概念

产品是营销研究的对象和载体,企业的一切生产活动都是围绕着产品进行的,企业生产什么产品,为谁生产产品,生产多少产品,其实都是产品策略需要解决的问题。直接影响和决定着其他营销组合要素的管理。从市场营销角度认识和学习产品管理,是我们学好市场营销的前提和基础。

有关产品的概念,不同的研究视角对其有不同的定义,一般定义认为,产品是一组将输入转化为输出的相互关联或相互作用的活动的结果,即"过程"的结果。在经济领域中,通常也可将其理解为组织制造的任何制品或制品的组合。现代市场营销学对产品的定义为:凡是可以通过交换来满足人类需求和欲望的一切事物。

我们可以从这样几个方面来理解这个定义:第一,应该把产品的概念加以更广泛的理解,也就是说这个世界上的许多事物,包括有形的或无形的事物都有可能是产品;第二,产品是能够满足人们需求和欲望的事物,这说明产品是有价值的,可以给人们带来利益,而且这种利益的形态也可以是有形的或无形的;第三,产品是用于交换的或者是通过交换得来的,这句话有两个意思,即一个是产品产生和存在的现实目的是交换;另一个是交换是获取产品的途径。

从营销视角理解产品,还需要认识到产品的整体概念,即产品的三层次理论。这个理论认为,产品是一个整体概念,它包含着三个层次,即产品的核心层、产品的实体层和产品的附加层,如图 5-1 所示。

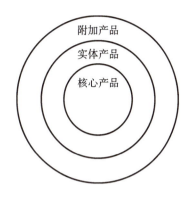

图 5-1 产品的三个层次

1. 产品的核心层

产品的核心层是指产品能够给消费者带来的实际利益或功效,是消费者购买产品的真正目的所在。如购买钻头的顾客不是在购买钻头本身的造型、大小,而是在购买"钻出来的孔"。同理,顾客在旅店住宿,其实是在购买"舒适的睡眠"。因此,市场营销从业人员要善于发现消费者购买产品时所追求的真实利益和核心价值,如果忽略了人们购买产品的核心目的,也就失去了对顾客真正需求的认识和把握。

2. 产品的实体层

产品的实体层是体现产品核心利益的基础,是消费者通过自己的感官可以直接接触、感觉到的部分,也是消费者感受消费利益或消费功效的载体。它包括产品的形态、性状、样式、商标、质量、包装、风格、色调等。认识产品的实体层,对企业营销活动有重要的指导意义,产品既要货真价实,注重内在质量,也不能忽视商标、包装、外观设计等外在质量。在实体层上寻求突破也可以给企业带来意想不到的功效。如某空调生产企业,当意识到所生产的空调产品在核心层上难以有创新时,他们发现市场上几乎所有同类商品在包装样式等实体层上都很类似,因此开发出了红色外观的产品,受到了许多中国家庭,尤其是新婚家庭的喜爱。类似的还有联想的红色笔记本,也是外观上的突破获得成功的典范。

3. 产品的附加层

产品的附加层是指消费者在购买、消费产品过程中所获得的全部附加利益,包括提供贷款、免费送货、安装、技术指导、保修等服务和相关承诺。在产品趋于"同质化"的今天,大多数企业的产品在实体层的区别不大,有效的附加产品对于企业提高竞争能力有很重要的意义,有时甚至是企业间决定竞争胜负的关键。

案例

密封胶的销售

顾客到五金店去买密封胶,好几家店都说没有这种产品,只有到了最后一家五金店,店员才问了他这么一句话:"你买密封胶是用来做什么的?"这位顾客告诉店员,他只是想把家里的某块玻璃镶嵌到一个木框里,用密封胶使其黏得更紧密一些。这时店员说:我们店里虽然没有密封胶,但是有一种玻璃胶同样能起到这种作用。

思考与讨论

是店员对顾客购买产品的核心利益的把握,使其成功促成了一笔交易吗?

5.2　产品生命周期

5.2.1　产品生命周期的概念

产品和世间万物一样都是有生命的,产品从构思、开发、制造、投放市场到最后被更好的产品取代而退出市场,整个过程与生物的孕育、诞生、成长、成熟、衰退、死亡的规律一样。理解产品生命周期的概念,可以给经营者提供研究产品的新视角,在产品生命周期的不同阶段,产品的竞争能力以及其所体现的产品市场特征也有所不同,因此相应的产品生命周期阶段应采取的市场营销策略也不一样。任何一个产品的生命都不会无限期地延续下去,所以企业要考虑的是如何尽量延长产品生命周期并增加利润。

 案例

产品生命周期理论提出者——雷蒙德·弗农(Raymond Vernon)

雷蒙德·弗农是美国经济学家,第二次世界大战以后国际经济关系研究方面最多产的经济学家之一,他有着20年在政府部门任职的经历,还在短期内从事过商业活动。从1959

年开始,他在哈佛大学任教,是克拉维斯·狄龙学院的国际问题讲座教授。

雷蒙德·弗农早期曾致力于区位经济学的研究,后转入对信息和专业化服务的研究,受克拉伍斯波斯纳技术差距理论的启发,于1966年发表了《产品周期中的国际投资和国际贸易》一文,提出了著名的产品生命周期理论。他认为,产品生命周期理论可以解释发达国家出口贸易、技术转让和对外直接投资的发展过程。他在市场营销方面的主要贡献就是创立了产品周期理论。

产品生命周期(Product Life Cycle,PLC)是指产品的市场寿命,是产品从进入市场到发展直至退出市场的过程,即一种新产品从开始进入市场到被市场淘汰的整个过程。弗农认为:产品生命是指产品的营销生命,产品和人的生命一样,要经历形成、成长、成熟、衰退这样的周期。就产品而言,也就是要经历一个开发、引进、成长、成熟、衰退的阶段。而这个周期在不同的技术水平的国家里,发生的时间和过程是不一样的,其存在一个较大的差距和时差,正是这一时差,表现为不同国家在技术上的差距,它反映了同一产品在不同国家市场上的竞争地位的差异,从而决定了国际贸易和国际投资的变化。

特别提示

产品的生命周期与产品的使用寿命是两个不同的概念。产品的使用寿命是指产品的耐用程度,如灯泡使用损坏而被遗弃是指该灯泡的使用寿命完结;而产品的生命周期是与市场需求程度密切相关的,如BB机、大哥大等产品由于手机的出现而失去市场需求的情况。

5.2.2 产品生命周期的各阶段

产品的生命周期是从产品进入市场开始算起,到产品退出市场终止。典型的产品生命周期一般可分为4个阶段,即引入期(或称为导入期)、成长期、成熟期和衰退期(见图5-2)。

我们在讲产品生命周期概念的时候,要记住这样4件事情:

(1) 产品有一个有限的生命。

(2) 产品销售会经历不同的阶段,而每一个阶段都对销售者提出了不同的挑战。

(3) 在产品生命周期不同的阶段,产品利润有高有低。

(4) 在产品生命周期不同的阶段,产品需要不同的营销、财务、制造、购买和人力资源战略。

不同的产品,在市场上所表现出的生命周期是不一样的,如软件产品在市场上的生命周期主要经历产品规划、技术可行性分析、产品研发、市场推广等阶段。

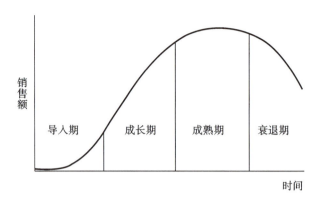

图 5-2　产品的生命周期模型

5.2.3　产品生命周期各阶段的特点及其营销策略

1. 引入期

引入期又称导入期,是指产品从设计、投产直到投入市场的初期阶段,在这个阶段,顾客对产品还不了解,产品的市场认知度不高,因而呈现以下特点:

(1) 消费者对产品不了解;

(2) 产品技术、性能不完善;

(3) 由于同类产品少,价格难以确定;

(4) 广告费及其他宣传推广费用较高;

(5) 利润少,甚至处于亏损状态。

针对这样的特点,企业工作重心在于不断提高新产品的知名度。在此阶段,企业营销工作主要从确立价格和加大促销力度两个方面入手,具体可以归纳为以下几个方面内容(见表5-1)。

表 5-1　导入期产品可选择的营销策略

促 销 水 平		高	低
价格水平	高	快速—掠取策略	缓慢—掠取策略
	低	快速—渗透策略	缓慢—渗透策略

2. 成长期

成长期又称畅销阶段,是指新产品通过试销效果良好,购买者逐步接受该产品,产品在市场上站稳了脚跟,并且打开了市场销路。这一阶段的特点如下。

(1) 销售量快速增长;

(2) 市场竞争加剧;

(3) 分销渠道和价格制定日趋理想;

(4) 技术工艺逐渐成熟;

(5) 利润迅速上升。

在这一阶段,企业必须保证良好的产品质量和服务质量。营销工作重心在于尽可能延长产品的成长期。具体的营销策略如下。

(1) 增加产品新用途;

(2) 广告宣传的重点从建立产品知名度转向对品牌的建立和宣传,使消费者对该产品产生良好的印象,建立品牌偏好;

(3) 加强对分销渠道的建设,提高企业对市场的渗透能力和控制能力;

(4) 不断寻求和开拓新的市场。

3. 成熟期

成熟期又称饱和阶段,是指产品进入大批量生产,产品需求也趋向饱和。这一阶段的特点主要有:

(1) 市场认知度高,购买者多;

(2) 产品在市场上已经普及并日趋标准化;

(3) 产量大、成本低,销售量相对稳定,竞争加剧。

生产同类产品,企业之间在质量、花色、品种、规格、包装、成本和服务等方面加剧竞争。这个阶段市场趋于饱和,市场竞争也最激烈,企业营销活动的重点就在于改良,具体的几点改良说明如下。

(1) 市场改良:开发新市场,寻求新用户。

(2) 产品改良:改进产品品质或服务后再投放市场。

(3) 营销组合改良:改变定价、销售渠道及促销方式,以延长产品成熟期。

案例

新型无线电熨斗的诞生

在20世纪80年代，随着电器市场饱和，电熨斗也进入了滞销产品的行列。一天，某电熨斗企业产品部经理召集了几十名家庭主妇，让她们对现有企业生产的熨斗挑毛病，一位妇女提出："如果熨斗没有电线就方便多了。"科研人员听后，马上成立攻关小组。一开始，他们想用安装蓄电池的办法来代替电线。但是，研制出来的熨斗底重5千克，用户使用起来简直就像在举铅球。

为了解决这一问题，他们把用户熨衣服过程拍成录像片，分析研究动作规律。结果发现：熨衣服的过程是不需要总拿着熨斗的，而是多次把熨斗竖在一边，调整衣物后再熨。攻关小组马上修正了改良方案，每次熨衣后可将熨斗放入蓄电槽内蓄电，8秒钟就可蓄足电，熨斗重量大大减轻了。而且，蓄电槽装有自动断电系统，十分安全。

新型无线电熨斗终于诞生，并成为当年的畅销货。

问题

从这个案例中，我们能受到什么启发？

4. 衰退期

衰退期又称滞销阶段，是指产品已进入被淘汰和衰亡时期。这时，产品已经老化，不能适应市场新的需求。此时，市场的主要特点为：

（1）销量迅速下降，消费者兴趣已完全转移；

（2）价格降至最低水平；

（3）多数企业无利可图，被迫退出市场；

（4）留在市场上的企业逐渐减少产品附带服务、削减促销预算等，以维持最低水平的经营。

这个阶段的特点决定了企业应采取的主要营销策略有以下几点。

（1）弃旧图新，逐步淘汰现有产品，并以新产品代替；

（2）降价处理现有库存，减少企业损失；

（3）调整渠道策略，使分销渠道转移到推销新产品上来。

5.3 市场细分

5.3.1 市场细分的概念

市场细分是指企业在市场调研的基础上,根据整体市场上顾客需求的差异性,以影响顾客需求和欲望的某些因素为依据,将一个整体市场划分为两个或两个以上的消费者群体的营销工作过程。

经过市场细分,每一个需求特点相类似的消费者群体就构成一个细分市场(或子市场),而各个不同的细分市场,即消费者群体之间则存在明显的需求差别。例如,服装市场可按顾客的性别因素细分为男装市场、女装市场;或按顾客的年龄因素细分为老年服装市场、中年服装市场、青年服装市场、儿童服装市场;也可按地理因素细分为国外市场、国内市场,或城市市场和乡村市场,或南方市场和北方市场等。以上每个细分市场之间的需求差异明显,同一细分市场内的需求则基本相似。

从需求角度考察,各种社会产品的市场可分为两类:一类是同质市场,购买者对它的需求和市场营销组合的反应具有一定的一致性。如日常生活中的食盐、煤等,消费者对它们的要求基本相同,定期的购买量也大体相同。然而,只有少数产品市场是同质的,而同质市场无须细分。另一类是异质市场,购买者对它的各项特性的要求各不相同,需求和欲望的偏好不同,或者在购买行为、购买习惯等方面存在着差异性。正是因为多数产品市场存在着"差异性",使市场细分才有可能。从这个角度来看,市场细分化,也就是把一个异质市场划分为若干个相对说来是同质的细分市场。

市场细分是以顾客需求的某些特征或变量为依据,区分具有不同需求的顾客群体的过程,目的是从中找到适合自己的目标顾客群,然后针对其特点,制定最佳营销策略,以求获得最佳的收益。科学的市场细分对企业在新产品开发、产品定位、价格制定、广告策略、包装设计、营销组合策略的制定等方面均有着重要的指导意义。

注意:市场细分不是按产品分类划分,如汽车市场、服装市场、机床市场等,而是按照顾客需求的差别划分,求大同存小异。它是企业确定目标市场的至关重要的基础。

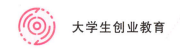

5.3.2 市场细分的原则

无论是消费者市场还是产业市场,并非所有的细分都有意义。进行市场细分必须具备一定的条件,否则将事倍功半。一般来说,实行市场的有效细分必须具备以下条件。

1. 可衡量性

可衡量性是指表明该细分市场特征的有关数据资料(如细分市场的规模及购买力)必须能够加以衡量和推算。例如,市场总容量估计是多少?各细分市场的市场容量预计能达到多少?目标顾客群的购买力预计能达到多少?在重视产品质量的情况下,有百分之多少的人更注重价格,有百分之多少的人更注重外观,或者兼顾几种特性?当然,将这些资料进行量化是比较复杂的过程,必须运用科学的市场调研方法。

2. 可进入性

可进入性是指企业对该细分市场能有效进入和为之服务的程度。市场细分后,至少其中的部分子市场必须是企业有可能进入并能占有一定的份额的。如果细分的结果是发现已有很多竞争者,自己无力与之抗衡且无机可乘;或虽未满足需要,有营销机会,但企业明显缺乏原材料或技术,货源无着落难以生产经营;或受政策、法律限制无法进入,则这样的市场细分对该企业来说就没有现实意义。

3. 可营利性

可营利性是指细分市场有足够的需求量且有一定的发展潜力,能保证企业获得足够的盈利。如果市场容量太小,销量有限,则不足以成为细分依据。此外,预期市场细分所得收益应大于因细分市场而增加的生产成本和销售费用,否则也不可细分。例如,汽车公司不能专门为身高 1.5 米以下的人设置一种特型车。可见,市场细分并不是分得越细越好,而应该科学归类,保持足够容量,使企业有利可图。应当注意的是:需求量是相对于本企业的产品而言的,并不是泛指一般的人口和购买力。

4. 可区分性

可区分性是指不同的细分市场的特征可清楚地加以区分。例如,女性化妆品市场可依据女性消费者的年龄和肌肤类型等变量加以区分,肉食品、糕点等产品可按汉族与回族细分,而大米、食盐就不必按民族细分。

因此,有效的市场细分所划分的子市场必须具有相对稳定性。如果市场变化太快,变动幅度又很大,企业还未来得及实施其营销方案,目标市场就已经变化了,则这样的细分也是毫无意义的。

5.3.3 影响市场细分的变量

创业者尽量避免面面俱到,从创业开始就要瞄准细分市场,这样更容易发现市场中的营销机会,有利于创业者集中有限的资源进行有效竞争。市场细分的依据和方法有很多,以个人消费品为例,主要有4大类别细分变量,即地理变量、人口统计变量、心理变量和行为变量,如表5-2所示。创业者应根据可测量性、可进入性、可盈利性、可区别性和可行动性的原则,将市场分割成若干细分市场。

表5-2 个人消费者市场细分的主要变量及举例一览表

	细分具体变量	举 例
地理变量	世界区域或国家	北美,西欧,中东,中国,印度,加拿大,墨西哥等
	国内区域	沿海地区,华北地区,东北地区,西部地区,珠江三角洲等
	城市(人口规模)	50万以下,50万~100万,100万~200万,200万~300万等
	地区人口密度	城市,城郊,乡镇和农村
	地区气候	热带,亚热带,寒带,温带

续表

	细分具体变量	举 例
人口统计变量	年龄	儿童,少年,青年,壮年,中年,老年
	性别	男性,女性
	家庭规模	1～2人,3～4人,5人及5人以上
	家庭生命周期	单身青年;已婚青年,无小孩;已婚青年,有小孩;已婚中老年,有子女;已婚中老年,子女18岁以上;单身中老年
	收入	月收入1000元以下;1000元～2000元;2000元～3000元;3000元以上
	职业	专业技术人员,经理,政府官员,业主,职员,售货员等
	受教育程度	小学及以下,初中,高中或中专,大学,研究生等
	宗教信仰	天主教,基督教,伊斯兰教,佛教,犹太教等
	种族	黑人,白人,黄种人等
	民族	汉族,回族,藏族,维吾尔族,朝鲜族,布依族等
心理变量	社会阶层	—
	生活方式	节俭朴素型,崇尚时髦型,讲排场型等
	个性	内向型,外向活跃型,易动感情,爱好交际,专横跋扈等
行为变量	购买理由	一般购买理由,特殊购买理由
	利益寻求	质量,服务,经济廉价,舒适,速度等
	使用者情况	未使用者,曾使用者,潜在使用者,初次使用者,常使用者
	使用频率	少量使用,中量使用,大量使用
	品牌忠诚度	游离忠诚者,转移忠诚者,适度忠诚者,绝对忠诚者
	购买准备阶段	不知道,知道,了解清楚,已有兴趣,希望拥有,打算购买
	对产品的态度	热情,肯定,冷淡,否定,敌意
	营销因素	价格,产品质量,售后服务,广告宣传,销售推广等

5.4 目标市场选择

5.4.1 目标市场的概念

市场细分是选择目标市场的基础。市场细分后,企业由于内部和外部条件的制约,并非要把所有的细分市场都作为企业的目标市场,企业可根据对产品的特性,自身的生产、技术、资金等实力大小和竞争能力的分析,在众多的细分市场中,选择一个或几个有利于发挥企业优势、最具吸引力,又能达到最佳经济效益的细分市场作为目标市场。

目标市场是指企业打算进入并实施相应营销组合的细分市场,或打算满足的具有某一需求的顾客群体。也是企业为满足现实或潜在需求而开拓和要进入的特定市场。

细分市场有两种极端的情况:一是把每一个人都定义为一个细分市场,因为每个人的需求都与别人不同;二是把所有的人都定义为一个大的细分市场,因为所有的人均有一些类似的基本需要,如对水和食品的需求。前者需要定制营销或个性化营销,如量体裁衣、理发等。后者所指的市场一般称为整体市场,适合采用标准化的营销组合或大众化营销,比如一个城市对其所有的居民提供同样的自来水。但是,当消费者认识到水污染的严重性及其对人体的危害后,在同质化的需求中便衍生出异质的需求,于是那些具有支付能力的消费者就产生了对更高要求的饮用水的需要,这就为纯净水或矿泉水带来了营销机会。从营销的观点来看,目标市场应该是两个极端的折中,它应该具有一定数量规模的消费者。

5.4.2 目标市场的选择模式

在对市场进行科学细分后,企业应根据自身情况从中选择适合自己的目标市场。目标市场的选择模式通常有以下 5 种模式。

1. 市场集中化

市场集中化是指企业从众多的细分市场中只选取一个作为自己的目标市场,且只生产一类产品,进行集中营销,以满足这部分目标顾客群的需求。例如,某饮料公司只生产运动饮料,某护肤品公司只生产婴幼儿沐浴露,某鞋厂只生产面向青年人的运动鞋。企业选择市场集中化模式一般可能基于以下几个方面的考虑:

(1) 企业由于自身实力有限,只有能力经营一个细分市场;

(2) 企业准备打算以此为基础,站稳脚跟后再寻求向更多的细分市场扩展;

(3) 企业在该细分市场中有竞争优势甚至没有竞争对手,且市场容量足够大。

这种模式的优点是对于小企业而言,有利于它集中有限的资源投向目标市场,进行专业化经营,能满足特定顾客的需求,迅速打开市场,赢得生存和发展的机会。但这种模式有明显的缺陷,即企业面临的风险很高,不符合"别把全部的鸡蛋放在一个篮子里"的商业规律,一旦消费者偏好发生转变,企业易陷入困境。

2. 选择专业化

选择专业化是指企业从众多的细分市场中选取若干个作为自己的目标市场,而每一个被选中的细分市场只生产、提供相对应的一类产品,以满足这部分目标顾客群的需求。例如,某制鞋公司只生产儿童皮鞋、青年旅游鞋、老年运动鞋等。采用选择专业化模式的企业应具有较强的资源和营销实力。

这种模式的优点是可以有效地分散企业的经营风险,即使某个细分市场经营状况不佳,企业仍有可能在其他细分市场取得盈利,得到"东方不亮西方亮"的效果。这种模式的缺点是企业需要为多个需求差异显著的顾客群去量身定做不同的产品,因此不得不将有限的资源进行分散使用,从而在任何一个方面都难以取得较大的竞争优势。

3. 产品专业化

产品专业化是指企业试图只生产一类产品,以满足全部顾客群的需求。例如,制鞋公司只生产运动鞋去满足儿童、青年人、老年人的需要。

这种模式的优点是企业专注于某一种或某一类产品的生产,有利于形成和发展生产与技术上的优势,从而确立竞争优势,在该领域树立强者形象。这种模式的缺点是当生产该产品的领域出现一种全新的技术,或出现全新的材料,甚至出现可替代产品时,该产品将面临被淘汰的巨大危险。所以,采用产品专业化模式的企业应时刻提醒自己注意不要患"营销近视症",要密切关注新技术、新材料、新产品的出现,提前适应竞争形势的变化;否则,将会毫无悬念地被市场无情淘汰。

第 5 章　产品与目标市场

4. 市场专业化

市场专业化是指企业专门针对某一顾客群生产各种产品以满足其消费的需求。例如，制鞋公司将青年人消费群体作为目标市场，针对其生产皮鞋、运动鞋、旅游鞋等。

这种模式的优点是企业生产经营的产品类型比较多，能有效地分散经营风险。这种模式的缺点是由于集中于某一类顾客，当这类顾客的消费偏好发生较大的变化，而企业未能及时发现，并提前做好相应准备时，企业将面临巨大挑战，甚至陷入绝境。

5. 市场全面化

市场全面化是指企业生产多种产品去满足各种顾客群的需要。例如，制鞋公司将儿童、青年人、老年人消费群体均作为其目标市场，针对其生产皮鞋、运动鞋、旅游鞋等。一般来说，这种模式的优点是企业生产经营的产品类型比"市场专业化"模式更多，能更有效地分散经营风险。这种模式的缺点是只有实力雄厚的大型企业选用这种模式，才能收到良好效果。5 种模式都各有其应用价值。企业依据自身情况选择适合自己的目标市场并选择模式，就能获得好的效果。

5.4.3　目标市场战略

1. 无差异性营销战略

无差异性营销战略是指企业把整体市场看作一个大的目标市场，不进行细分，用一种产品统一的市场营销组合对待整体市场。例如，在 20 世纪 60 年代前，美国可口可乐公司一直奉行典型的无差异性营销战略，以单一的品种、标准的瓶装和统一的广告宣传，长期占领世界非酒类饮料市场。此外，美国福特汽车公司也曾经采用过无差异性营销战略，只生产黑色的"T 型车"，并获得过很大的成功。实行无差异性营销战略的企业可能基于两种不同的指导思想。第一种是从传统的产品观念出发，强调市场需求的共性，忽略其差异性。在大量生产、大量销售的产品导向时代，企业多数采用无差异性营销战略经营。实行无差异性营销战略的另一种指导思想是：企业经过市场调研之后，认为某些特定产品的消费者需求大致相同或较少差异，例如，人们对电、家庭生活用水、食盐、白糖等产品需求差异很小，因此生产这类产品的企业就可以采用无差异性营销战略。

采用无差异性营销战略的最大优点是可以大大降低产品的单位成本。大批量的生产单一品种的产品能发挥出规模经济的优势,显著降低单位产品生产成本;无差异性营销战略的广告宣传可以减少促销费用;不进行市场细分,相应减少了市场调研、产品研制与开发,以及制定多种市场营销战略方案等带来的成本开支。

无差异性营销战略的缺点是应变能力差,而且当市场需求发生变化时,经营者难以及时调整企业的生产和市场营销策略,特别是在产品单一的企业,因而风险较大。

 案例

第一次能源危机发生之后,美国三大汽车公司还都凭以往经验坚信美国人喜欢大型豪华的小汽车,仍采用无差异性营销战略,没有注意到此时美国消费者的消费偏好因汽油价格昂贵已发生了变化,消费者越来越喜欢小型、轻便、省油的小型轿车,这致使一方面大型轿车市场竞争"白热化",造成大量车辆积压,另一方面小型轿车市场却被忽略。日本汽车公司正是在这种情况下"乘虚而入"的,其向美国市场投放小型、轻便、省油的小型轿车,迅速赢得了美国消费者的欢迎并站稳了脚跟。经过几十年的发展,一些日本汽车公司已成为世界性跨国大公司。据悉,日本丰田汽车公司在2008年起,开始逐渐取代美国通用汽车公司,成为全球排名第一的汽车生产厂商。

无差异性营销战略对市场上大多数产品都是不适宜的。因为消费者的需求偏好具有最复杂的层次。某种产品或品牌能够受到市场普遍欢迎的情况是很少的。它只适宜于企业资源丰厚,产品通用性、适应性强,差异性小以及市场类似性较高,且具有广泛需求自产品,如通用设备标准件以及不受季节、生活习惯影响的日用消费品。

2. 差异性营销战略

差异性营销战略是把整体市场划分为若干细分市场,然后根据企业的资源及营销实力选择两个以上甚至把全部细分市场作为目标市场,并为各目标子市场分别设计生产不同的产品,采取不同的营销组合手段,制定不同的营销组合策略,有针对性地满足不同细分市场顾客的需求。如宝洁公司就是长期采取差异性营销战略的典范,它的洗发水、洗衣粉、护肤品都有许多品种,可满足不同顾客的需要。

采用差异性营销战略的最大优点是面向广阔市场，可以有针对性地满足具有不同特征的顾客群的需求；提高产品的竞争力，扩大销售量；企业适应性强，富有回旋余地，不依赖单一市场一种产品，进而可以降低企业的经营风险。

采用差异性营销战略的缺点是由于小批量、多品种生产，要求企业具有较高的经营管理水平。由于品种、价格、销售渠道、广告、推销的多样化，使生产成本、研发成本、存货成本、销售费用、市场调研费用相应增加，降低了经济效益。所以，在选择差异性营销战略时要慎重，应比较运用此战略所能获得的经济效益是否能抵消或超过成本的提高，有时需要进行"反细分"或"扩大顾客的基数"，作为对差异性营销战略的补充和完善。

差异性营销战略适合多数企业，但要求企业具有较高的经营管理水平。

3. 集中性营销战略

集中性营销战略也称为"弥隙"战略，即弥补市场空隙的意思。它是指企业在将整体市场分为若干细分市场后，只选择其中某一细分市场作为目标市场，或将几个性质相同的市场归类为一个市场，为该市场开发新的产品。集中性营销战略的指导思想是把企业的人财物集中用于某一个细分市场中，不求在较多的细分市场上都获得较小的市场份额，而希望在这一目标市场上得到较大的市场份额。集中性营销战略的优点是有助于企业实行专业化经营，更好地满足特定顾客的需求，还能大大降低生产成本，大大节省营销费用，使企业能增加盈利，并易于取得竞争优势。

集中性营销战略的缺点是对单一和窄小的目标市场依赖性太大，一旦目标市场的需求情况突然发生变化，例如，目标消费者的兴趣突然转移（这种情况多发生于时髦商品）或是市场上出现了更强有力的竞争对手，企业由于周旋余地小，可能就此陷入严重困境，甚至倒闭。

集中性营销战略特别适合资源有限的小企业，或刚刚进入某个新领域的企业，使企业得以集中运用有限的资源，实行专业化的生产和销售，提供良好的服务，节省营销费用，提高产品和企业知名度，在局部市场的竞争中处于有利地位。条件成熟时，企业还可伺机扩大市场，进一步发展。因此，集中性营销战略往往会成为新企业战胜老企业，或小企业战胜大企业的有效战略。集中性营销战略是小企业在市场立足乃至发展的一个法宝。

5.4.4 目标市场营销战略的选择条件

1. 企业实力

企业实力是指企业在人力资源资金、设备、生产能力、技术水平、销售能力、管理能力、竞争能力等方面的总和。如果企业实力雄厚,则可选择采用无差异性营销战略;如果企业实力一般,则可选择采用差异性营销战略;如果企业能力较弱,则宜采用集中性营销战略。

2. 产品特性

企业应依据不同的产品特性和消费者对产品挑选程度不同来确定选择何种目标市场营销战略。对于那些在品质、性能等方面无差异的同质性产品,如家庭生活用水、电、石油等,以及在品质、性能等方面虽有差异但差异很小,消费者挑选性不大的产品,如火柴、普通廉价的打火机等,企业可采用无差异性营销战略。而对那些规格复杂、性能差异大、消费者挑选性大、产销变化快的产品,如服装、鞋帽、家用电器、食品、工艺品、汽车等,企业则可根据自身的资源力量,选择采用差异性营销战略或集中性营销战略。

3. 产品所处的生命周期阶段

企业推出新产品之初,由于对产品的市场前景尚不能明确,故往往以较单一的产品来探测市场需求与潜在需求,因此企业在新产品的导入阶段可采用无差异性营销战略。当产品进入成长或成熟阶段后,由于市场竞争加剧,同类产品增加,企业必须调整市场营销组合,不断开拓新的市场,此时企业应改用差异性营销战略或集中性营销战略。当产品进入衰退期,企业一般应采用集中性营销战略,以延长产品的生命周期。

4. 市场的类同性

如果顾客的需求、偏好、购买行为大致相近,对产品销售方式和服务要求的差别不大,对市场营销机制的反应不大,即市场同质性较强,则应采用无差异性营销战略。如市场需求差异很大,顾客购买的选择性以及对市场营销机制的反应差异显著,则企业应采用差异性或集中性营销战略。

5．市场竞争情况

市场竞争包括两方面情况：一是竞争者的数目和市场竞争的激烈程度。当竞争对手很多时，消费者对商品的品牌印象显得很重要，为了在消费者心目中建立较高信誉的品牌形象，增强产品的竞争力，企业宜采用差异性营销战略或集中性营销战略；若竞争者很少，本企业基本处于独家销售的情况下，则可以采用无差异性营销战略。二是竞争者的市场营销策略。如果强有力的竞争对手采用无差异性营销战略，则本企业应选择采用差异性营销战略或集中性营销战略，这有利于开拓市场，提高产品竞争能力；如果竞争者已采用差异性营销战略，则企业可以考虑采用集中性营销战略，或在进行深度细分的基础上，采取差异性营销战略；如果竞争对手较弱，则本企业可采用无差异性营销战略。

总之，企业应因地制宜，选择最适合自己的目标市场营销战略。企业可在不同时期，依据自身实力、产品、市场、竞争的不同状况，选择不同的目标市场营销战略，万不可墨守成规，该变不变。

5.4.5 理想目标市场的特征

目标市场的优劣，应根据一定的标准进行评价。比较理想的目标市场应具备下列几个基本条件。

1．有一定的市场规模，其市场容量能达到企业的期望值

作为目标市场，首先应具有一定规模。因为企业要开发一个新市场，无论规模大小都要付出较高的广告与宣传费用。如果市场规模太小，企业会得不偿失，无利可图，这样的子市场则无开发价值。市场规模大，现实和潜在的需求大，企业的机会利益大，企业才有可能向市场提供适销对路的产品，满足消费需求，进而获得利润。

2．有一定购买力

购买力是实现消费的必要前提，只有具有现实的购买力，才能把潜在需求变为现实需求。因此，评价目标市场，首先要进行消费者购买能力的分析。应当注意，分析消费者购买力，不仅要分析其收入水平和经济实力，而且要研究消费者的不同消费倾向及其变化趋势。

3. 市场未被竞争者完全控制

评价目标市场，不仅要分析市场规模和购买力，还要分析掌握竞争对手在该市场上的经营状况。只有竞争对手未完全控制的目标市场，企业才有进入的可能。如果竞争对手已完全控制了市场，除非企业拥有较大的竞争优势，否则不应以此作为目标市场。

4. 企业有能力经营

评价目标市场还要考虑企业的营销能力和战略目标。只有当企业的人、财、物及经营管理水平等条件具备时，才能将该子市场作为企业的目标市场。

5.4.6 市场定位

市场定位一定要把进入潜在消费者的心智作为首要目标。消费者头脑中存在一级级的台阶，可称之为心理阶梯。他们将产品或品牌按某种或多种标准在这一心理阶梯上排序。定位就是要找到甚至创造出某种心理阶梯，并通过营销沟通使产品或品牌能够在这一阶梯上占据首位，如"第一说法、第一件事、第一位置"等。因为只有创立并占据第一，才能在消费者心目中形成难以忘怀、不易混乱的差异化效果。这种差异化不一定就是产品实际的功能性利益，关键是要能够凸显与竞争品牌的区别或不同点，从而赢得竞争优势。优势定位一旦确立，无论何时何地，只要消费者产生了与这种产品或品牌的相关需要或购买欲望时，他就会首先想到这品牌和这家公司的产品，进而影响其选购行为。所以，从结果来看，定位就是要通过在消费者的心理阶梯上占据首位，使品牌能够成为购买的首选，以先入为主的效果实现营销的目标。产品的特色或个性可以从产品实体上表现出来，如形状、成分、构造、性能等；也可以从消费者心理上反映出来，如豪华、朴素、时髦、典雅等；还可以表现为价格水平、质量水准等。

企业在市场定位过程中，一方面要了解竞争者产品的市场地位，另一方面要研究目标顾客对该产品的各种同性的重视程度，然后选定本企业产品的特色和独特形象，提出自己独特的销售主张。例如，"乐百氏纯净水 27 层净化""农夫山泉有点甜""困了、累了，喝红牛"等，从而完成产品的市场定位。

第5章 产品与目标市场

1. 市场定位的方式

1）针锋相对式定位

针锋相对式定位策略是指企业根据自身的实力,为抢占较佳的市场位置,不惜与市场上已占支配地位的、实力雄厚或较强的竞争对手进行正面竞争,以使自己的产品进入与竞争者相同的市场位置,同竞争者争夺同一细分市场的策略。显然,这种定位策略具有一定的风险性。实行这种定位策略的企业,必须充分考虑这些条件:本企业能比竞争者生产出更好的产品;该产品市场容量大,能吸纳两个以上竞争者的产品;本企业所拥有的资源不低于竞争者;该市场定位与企业的特长和信誉相适应,企业有较好的竞争优势和信誉。

2）取而代之式定位

取而代之式定位策略就是将竞争者赶出原有位置,并取而代之。一些实力雄厚的大企业,为扩大自己的市场范围,通常会采取这种策略。企业要实施这种定位策略,必须比竞争对手有明显的优势,提供比竞争者更加优越和有特色的产品,并做好大量的推广宣传工作,提高本企业产品的形象和知名度,冲淡顾客对竞争者产品的印象和好感。

3）与竞争者并存式定位

与竞争者并存式定位策略是将本企业的产品位置确定在目标市场上现有竞争者的产品旁。一些实力不太雄厚的中小企业大多采用此策略。采用这种策略的好处如下。

(1) 企业可仿制竞争者的产品,向市场销售自己品牌的产品。

(2) 由于竞争者已开发这种产品,所以本企业可节省大量研究开发费用,降低成本。

(3) 由于竞争者已为产品进行了推广宣传,市场开拓,所以本企业既可节省推广费用,又可减少不适销的风险。

企业采用并存的市场定位策略的前提是:该市场首先还有很大的未被满足的需求,足以吸纳新进入的产品;其次是企业推出的产品要有自己的特色,能与竞争产品媲美才能立足于该市场。

4）填空补缺式定位

填空补缺式定位策略是一种不与竞争者直接冲突,将企业产品定位在目标市场的空白处,去开拓新的尚未被占领但为许多消费者所重视的潜在市场的策略。这种定位策略的使用有两种情况:一是这部分潜在市场,即营销机会尚未被发现,在这种情况下,企业容易取得成功;二是许多企业发现了这部分潜在市场,但无力去占领,这就需要有足够的实力才能取得成功。

5) 另辟蹊径式定位

另辟蹊径式定位策略是种避开强有力的竞争对手、突出自己与众不同个性的空位策略。具体来说,当企业意识到自己无力与同行业的强大竞争者相抗衡,而希望获得独特优势地位时,可根据自己的条件去争取相对优势,突出宣传自己产品与众不同的特点,在某些有价值的产品属性上取得领先地位。如七喜汽水,突出宣传自己不含咖啡因的特点,成为非可乐型饮料的领先者。

6) 二次定位(重新定位)

企业产品的市场定位,不是一成不变、一劳永逸的。随着市场情况的变化,有些产品就需要重新定位,即对产品进行二次或再次定位。需二次定位的情况一般有以下几种。

(1) 当本企业产品定位附近出现了强大的竞争者,导致本企业的产品销售量及市场占有率下降时。

(2) 顾客的消费观念、消费偏好发生变化,由喜爱本企业产品转向喜爱竞争者产品时。

(3) 当本企业产品在目标市场已逐步走向产品生命周期的衰退期,企业要转移新的市场时。

在重新定位前,企业应慎重考虑和评价,企业改进产品特色和转移到另一种定位时,所付出的代价是否小于在此新市场上的销售收入,以保证产品重新定位后仍有利可图。

 案例

王老吉

王老吉初始的市场定位是"凉茶",在广东地区销售得不错。但自品牌推出,且历时7年,一直未能在全国打开市场。公司曾5次"北伐",谋求全国扩张,也铺货到成都等地,均铩羽而归。王老吉后将产品重新定位为预防上火,明确提出"怕上火,喝王老吉",巧妙引进"上火"这一全国人民都熟悉的中医概念,最终产品红遍大江南北,取得很大的成功。

问题

王老吉的成功只与其找准市场定位有关吗?

市场定位的方式有很多种,但没有绝对的好与不好,适合自己的才是好的。企业只要选择得当,就能取得较好的结果,正所谓"条条大路通罗马"。

2. 市场定位的步骤

企业的市场定位工作一般包括以下几个步骤。

1）调查竞争者的定位状况

要了解竞争者正在提供何种产品，这些产品在顾客心目中的形象如何，并估测其产品成本和经营状况。在市场上，顾客最关心的是产品本身的属性（质量、性能、花色、规格等）和价格。因此，企业要确认竞争者在目标市场上的定位，将此作为确立自己的市场定位的重要基础。深入、细致的调查是市场定位成功的不可或缺的基础。

2）了解目标顾客对产品的评价标准

要了解购买者对其所要购买产品的最大偏好和愿望，以及他们对产品优劣的评价标准。例如，对服装，目标顾客关心的是式样、颜色，还是质地、价格；对饮料，目标顾客是重视口味、价格，还是营养、疗效。企业应努力搞清楚顾客最关心的问题，以此作为定位决策的依据。

3）识别目标市场潜在的竞争优势

通常企业的竞争优势表现在两方面：成本优势和产品差别化优势。成本优势是指企业能够以比竞争者更低的成本生产相同质量的产品，从而能够以比竞争者更低的价格销售相同质量的产品或以相同的价格水平销售更高一级质量水平的产品。产品差别化优势是指企业能向市场提供在质量、功能、品种、规格、外观等诸多方面中有一个方面或更多方面比竞争者更好的产品，且产品独具特色的功能和利益与顾客需求相适应的优势。为了识别目标市场潜在的竞争优势，企业必须进行规范深入的市场研究，切实了解目标市场需求特点以及这些需求被满足的程度，从中发现在目标市场中本企业有可能获得的潜在的竞争优势。

4）明确企业自身核心竞争优势

核心竞争优势是指企业在人力资源、产品研发、生产制造、服务质量、销售能力、品牌知名度等方面与主要竞争对手相比，企业在某一个或某一些方面占据明显优势，并因此可获取明显的差别利益。企业要明确自身核心竞争优势，首先要研究主要竞争者的优势和劣势，这可以从3个方面来进行评估：一是竞争者的业务经营情况，如近3年的销售额利润率、市场份额、投资收益率等；二是竞争者的核心营销能力，主要包括产品质量和服务质量等；三是竞争者的财务能力，包括获利能力、资金周转能力、偿还债务能力等。其次应把企业的全部营销活动加以分类，并将主要环节与竞争者相应环节进行比较分析，以识别和形成核心竞争优势。

5）制定发挥核心竞争优势的战略

企业在市场营销方面的核心能力与优势，不会自动地在市场上得到充分的表现，必须制

定明确的市场战略来加以体现。

6）确立并准确地传播企业的定位观念

在经过上述工作之后，企业可以明确自己的市场定位。企业在做出市场定位决策后，还必须大力开展广告宣传，把企业的定位观念准确地传播给消费者，逐渐形成一种鲜明的市场概念，这种市场概念能否成功，取决于它是否与顾客的需求和追求的利益相吻合。在广告宣传过程中，应避免给消费者造成3种误解：一是产品档次过低，没有自己的特色；二是产品档次过高，名不副实；三是混淆不清，在消费者心目中难以形成共识。比如对同一产品，有人认为其是高档的，有人认为其是低档的。

上述3种误解，都是由于定位宣传失误所致，它将会给企业形象和经营效果造成不利影响，应引起企业的注意。准确地传播企业的定位观念是好的市场定位取得成功的必要保障。

3. 市场定位的战略

差别化是市场定位的根本战略，具体表现在以下4个方面。

1）产品差别化战略

产品差别化战略是指企业从产品质量、产品款式、产品功能等方面寻求与竞争对手的产品有所不同来实现差别。

产品质量是指产品的有效性、耐用性和可靠程度等。一项研究表明：产品质量与投资报酬之间存在着高度相关的关系，即高质量产品的盈利率高于低质量和一般质量的产品，但质量超过一定的限度时，顾客需求开始递减。显然，顾客认为购买过高的质量，需要支付超出其质量需求的额外的价值（即使在没有让顾客付出相应价格的情况下可能也是如此），因而是得不偿失的。企业寻求在产品质量方面拉开与竞争对手的距离，有助于企业获得竞争优势。例如，奔驰汽车靠其高质量获得了成功人士的喜爱。

产品款式是产品差别化的一个有效工具，对汽车、服装、手机等许多产品尤为重要。对服装而言，款式是决定其能否良好销售的关键因素之一；而对手机而言，由手机厂商几乎每几个月就推出一款新机型，可以知晓款式对该类产品是多么重要。

企业若能开发出功能别具一格、填补市场空白且符合消费者需求的产品，就可能获得成功。

2）服务差别化战略

服务差别化战略是指向目标市场提供与竞争者不同的优异服务。企业的竞争力越能体现在顾客服务水平上，市场差别化就越容易实现。如果企业把服务要素融入产品的支撑体系，就可以在许多领域建立"进入障碍"。因为服务差别化战略能够提高顾客总价值。保持牢固的顾客关系,从而击败竞争对手。良好的服务赢得了消费者的信赖,也提高了产品的价值,并成为企业核心竞争力的一个不可或缺的有机组成部分。

服务战略在很多市场状况下都有用武之地,尤其在饱和的市场上。对于技术精密产品,如汽车、计算机、复印机等产品的服务战略的运用更为有效。

3)人员差别化战略

人员差别化战略是指通过聘用和培训比竞争者更为优秀的人员以获取差别优势。市场竞争归根结底是人才的竞争。一个受过良好训练、具有较高素质的员工可以帮助企业赢得消费者的青睐。例如,某人到国外出差,因公务繁忙,尽管发现鞋子有些破损,但也没有时间去买新的。一日需从某国乘飞机去另一个国家,在机场候机大厅意外发现了有自己喜爱的某品牌的鞋子在售卖,但恰巧符合自己的尺码的鞋卖完了,经试穿接近该尺码的其他尺码的鞋,却无一双特别合脚,仅有一双稍微有点紧,但无大碍。他打算买下这双鞋,可是销售人员坚决不卖,这使他大为恼火,因为脚上的那双鞋已经不好意思再穿了。销售人员耐心地向他解释说,本公司的宗旨是决不卖让客户有任何不满意的产品,然后她又询问顾客准备飞往何处,何时到达,住何处,在问清楚后,她高兴地告诉顾客,她会通知公司在那里的机构,届时将适合他的尺码的鞋送到顾客住的地方。该公司果然说到做到,让顾客感动不已。事后,顾客十分感慨地说:尽管那个销售人员失去眼前的这个客户,损失了自己的销售额,但却为公司争取到了一个忠实的客户。

4)形象差异化战略

形象差异化战略是指在产品的核心部分与竞争者类同的情况下,塑造不同的产品形象或企业形象以获取差别优势。

 思考题

(1)产品生命周期分为哪几个阶段?

(2)企业的市场定位工作一般包括哪几个步骤?

(3)简述目标市场营销战略的选择条件。

第6章　创业营销策略

> **本章要点**

(1) 创业营销的概念及意义。
(2) 创业营销解决什么问题。
(3) 创业营销策略规划。
(4) 初创企业营销组合策略。

导入案例

"十元水果"顾客爱买

近两年来,长沙的水果店里增加了一类"十元水果""五元水果",即洗切分块零卖的水果。商户们把哈密瓜、菠萝、西瓜等洗好,切成一块一块的,贴上标签,用塑料杯装好,每杯卖十元或五元。"十元水果""五元水果"的生意非常红火。虽然"十元水果""五元水果"比整卖的水果价格要贵一些,但顾客还很喜欢购买。

试析

"十元水果""五元水果"比整卖的水果价格要贵一些,为什么顾客还很爱购买呢?

低价不好销,高价反抢手

某珠宝店,采购到一批漂亮的绿宝石。由于数量较大,珠宝店老板担心短时间内销售不出去,影响资金周转,便决心只求微利,以低价销售。本以为会一抢而光,结果却事与愿违。几天过去,仅销出很少一部分。后来珠宝店老板急着要去外地谈生意,便在临走前匆匆留下一纸手令:我走后若仍销售不好,可按1/2的价格卖掉。几天后老板返回,见绿宝石销售一空,一问价格,却喜出望外。原来店员把珠宝店老板的指令误读成"按1～2倍的价格出售",

他们开始还犹豫不决,就又提价一倍,这才使绿宝石一售而空。

试析

这个案例说明了什么?该珠宝店的绿宝石销售成功,客观上用的是一种什么价格策略?

6.1 创业营销的概念及意义

6.1.1 创业营销的概念

创业营销就是创业企业家凭借创业精神、创业团队、创业计划和创新成果,获取企业生存发展所必需的各种资源的过程,它实际上是一种崭新的创业模式。创业营销也指一个新创企业或第二次创业企业把自己的新产品推向新市场的营销。今天,对于大多数年轻的创业者来说,既缺乏资金和社会关系,又缺乏商业经验,所拥有的只是创业激情和某种新产品的原始构思或某种新技术的初步设想。要获得成功,除了勇气、勤奋和毅力外,还必须依赖有效的创业营销来获得创业所需的各种资源。

一般企业营销虽然包括新产品营销,但更多的是老产品的营销,可口可乐的营销做了100多年,但销的仍然是可口可乐,它的全面营销策略仅仅在于市场占有率的巩固和扩展,所以它属于巩固型营销和扩张型营销。而创业营销的产品一定是全新的产品,它的营销既不是市场巩固,也不是市场扩张,而是市场进入,它属于市场导入型营销,它所要做的核心工作是让市场认识、喜爱、接受和消费自己的新产品。所以创业营销一定是新产品营销。创业营销的对象是新市场。

6.1.2 创业营销的意义

创业型企业不论是一次创业企业还是二次创业企业,它的产品所面对的市场一定是一个全新的市场,如果不是全新市场,就不能算是创业营销。一个新产品进入老市场营销,在安索夫的战略模式上属于产品开发战略,而不是一种创业型活动,只有一个企业开发了一个全新的产品,并且进入一个并不熟悉的全新市场的时候,需要企业做出重大的转型调整,才谈得上是创业营销。既然是一个全新市场,就没有成熟的经验可以借鉴,也没有足够的资源可以依靠,企业就会面临着巨大的市场风险,所以创业营销一定是一个面向全新市场的风险性营销,要求企业有足够的风险控制能力,才能够保证营销成功。

6.1.3　创业营销的4个阶段

成功的创业营销一般需要经历4个阶段:创意营销阶段、商业计划营销阶段、产品潜力营销阶段和企业潜力营销阶段。

(1) 创意营销阶段。

创业企业家萌发了一种创业冲动或创业构想,但这种冲动或构想还停留在大脑中,创业企业家必须将其转变为一个清晰的概念或开发出某种产品原型或技术路线,才能与其他人进行沟通交流。当这些工作完成时,他最需要的是寻找志同道合者组成创业团队。因为一个人很难精通创业过程中需要的所有技能,也不一定拥有创业所需的关键资源。优秀的团队是成功创业的关键因素,团队成员最好在信念、价值观和目标等方面基本一致,又具有献身共同事业的强烈愿望,而且在资源、技能、经验、个性和思维模式等方面具有互补性。

(2) 商业计划营销阶段。

商业计划营销创业团队形成之后,就要着手撰写详尽的商业计划。通过商业计划吸引投资者尤其是风险投资家的注意并获取风险投资。成功的商业计划除了要有概念上的创新外,重要的是进行现实的、严谨的市场调研和分析。如果商业计划营销获得成功,创业团队获得了风险资金,就可以正式建立创业企业,进行商业化的新产品开发。这一阶段表面上营销是创业企业的商业计划,实际上也是对新产品和创业团队的全面检验。

(3) 产品潜力营销阶段。

当商业化的新产品开发出来之后,创业企业就需要大量的投资来进行产品的批量生产和大规模销售。而创业企业一般难以获得银行贷款或供应商的支持,而且也缺乏丰富的商业关系和经验,因此它需要再次从外部投资者那里获得支持。这时外部投资者最好是企业的战略投资者,他们不仅可以带来资金,更重要的是还能带来管理经验和商业关系,为将来的公开上市做准备。战略投资者看重的是产品的市场潜力、企业的技术能力以及营销能力。创业企业如果能够吸引战略合作伙伴的加入,就可以利用新资金将新产品大规模推向市场。

(4) 企业潜力营销阶段。

企业潜力营销在许多情况下,新产品上市并不能迅速盈利,但产品和企业的市场前景已经相当明朗。这时创业企业可以寻求公开上市,以获得快速扩张所急需的资金,同时也使风险投资家得以顺利退出。公开上市可以打通创业企业从资本市场获取资金的渠道,它是创业阶段的结束,也是规范经营阶段的开始。

我校"大学生创业教育"课程将计划展开"课程思政"试点教学,采用理论与实践相结合的教学方法,理论教学环节以传授网络营销基础知识为主,多元化授课,突出"学中做、做中学"的特点,以案例分析、视频观看、小组讨论等方式,将理论融于案例,结合教材内容;实践教学环节包括博星卓越软件平台实训和淘宝网店创业实训两部分,分别训练学生对搜索引擎营销、E-mail 营销、网站营销及网店的建设、推广与运营等操作。

6.2 创业营销解决什么问题

6.2.1 解决创业初期的营销问题

按照生命周期理论,企业分为创业期、成长期、成熟期和衰退期 4 个阶段。不同的阶段,应该采取不同的营销策略,创业期采取市场进入策略,成长期采取市场扩张策略,成熟期采取市场巩固策略,衰退期采取市场转型策略。一般营销研究的是企业发展各个阶段的普适性规律,是带有普遍性的理论,适用于企业发展的各个阶段的营销。创业营销只研究企业创业期的营销规律,探讨的是处于创业阶段或者再创业阶段企业的营销问题,它是带有特殊性的营销理论,不具普适性,它只解决企业发展过程中创业阶段的营销问题,不解决所有的问题。

6.2.2 解决新产品的入市营销问题

从产品的生命周期理论来看,产品生命周期分为引入期、成长期、成熟期和衰退期 4 个阶段。一般营销研究的是产品各个阶段都适用的普遍营销规律,具有普适性。创业营销只研究产品引入期的营销规律,只解决产品引入期的营销问题,也就是只解决新产品的营销问题。引入期的产品,对整个市场而言,可能不是新产品,而是成熟期产品,但对创业企业而言,它是地地道道的新产品,因此,它的营销也只能按照新产品的营销方式进行营销,也就是只能按照产品引入期的方式进行营销。所以,创业营销本质上是新产品的入市营销。

6.2.3 解决因资源不足状态下的营销问题

根据经营的资源理论,一个企业可供支配的主要经营资源只有十余种,非常成功企业一般拥有其中的绝大部分资源,一般企业经常只能拥有其中的50%~60%的资源,而创业企业经常只有极其有限的三四种资源,甚至更少。成功企业的营销是在资源充足背景下的营销,一般企业的营销是在资源比较充足状态下的营销。而创业企业则是在资源严重不足状态下的营销。因此创业企业的营销远远比成功企业和一般的企业营销难度大得多,属于高难度营销范畴。因此创业营销解决的是企业发展过程中最为艰苦的高难度营销问题,解决的是资源严重不足背景下的营销问题。

6.3 创业营销策略规划

要实现初创企业的战略目标,必须有与之配套的营销策略规划,才能保证战略能够落到实处。创业营销策略规划包括:产品策略规划、创业营销目标市场规划、创业营销目标规划、创业营销战略规划、创业营销策略规划和创业营销市场进入规划等。

产品策略规划:选择什么样的产品进入目标市场的规划。

创业营销目标市场规划:就是应该选择什么机会作为创业营销的目标市场,这是创业营销规划的关键。创业营销目标市场规划包括目标市场细分、目标市场选择、目标市场界定和目标市场定位。当目标市场被准确定位的时候,就是目标市场规划完成的时候。

创业营销目标规划:针对创业营销的目标市场,应该确立什么样的营销目标?要进入的目标市场可以实现哪些营销目标?应该实现哪些目标?只有确立了营销目标,才能知道应该调动哪些资源以及应该调动多少资源来实现目标。

创业营销战略规划:针对创业营销目标市场的特点和企业确立的创业营销目标,再规划相应的战略,就是要设计一套能成功占领目标市场、能顺利实现创业营销目标的战略计划。创业营销战略规划包括市场竞争战略计划、市场进入战略计划和产品组合战略计划。

创业营销策略规划:根据创业营销的战略计划,设计一套能成功占领市场的基本策略计划,包括产品策略计划、价格策略计划、渠道策略计划和促销策略计划。

创业营销市场进入规划:根据创业市场进入的战略和策略设计创业市场进入的具体方

第6章 创业营销策略

法,包括创业市场进入障碍克服规划、创业市场进入组织规划和创业营销安全规划。

创业市场进入障碍克服规划:对进入市场可能存在的障碍进行预测,并根据这些预测制订详细的克服方案,如果障碍不能有效克服,创业就会失败。

创业市场进入组织规划:就是对市场进入需要的组织体系和人力资源体系进行设计,包括营销策划组织设计、产品销售组织设计、销售管理制度设计、营销人员薪酬体系设计、营销人员招聘与辞退设计、营销人员的职位升降设计等。没有一套完整的组织体系与人力资源体系设计,就无法保证创业营销的成功。

创业营销安全规划:如何保证创业市场进入中的过程安全和结果安全,不会出现重大的营销危机、营销事故,这就需要进行安全设计。其包括市场进入安全管理设计、风险预警体系设计和危机对策设计等方面的内容。

如果我们能做好以上规划,那么我们的创业营销就已经成功了一半,对一个创业者而言,做到了知己知彼,心中有数,至少可以避免一些营销失误所带来的创业失败。

在企业的创业营销策略中,可以适当融入能够帮助企业树立正确的品牌形象和价值观的思政元素,吸引消费者的关注和信任。以下是一些思政元素在营销中应用的案例。

品牌强国工程:品牌强国工程是中央广播电视总台推出的品牌塑造计划,旨在为国家知名企业和品牌塑造国际化形象。品牌强国工程的推出有助于提高中国品牌在国际市场的竞争力,同时也传达了中国品牌形象和价值观,吸引了全球消费者的关注和信任。

社会责任营销:许多企业开始注重社会责任,通过履行社会责任来赢得消费者的信任和认可。

文化营销:许多企业开始注重文化营销,通过推广企业文化和价值观来吸引消费者的关注和信任。例如,故宫博物院推出了故宫 IP 文化营销计划,通过展览、文化活动等方式,推广中国传统文化和价值观,吸引了大量消费者的关注和喜爱。

环保营销:许多企业开始注重环保营销,通过推广环保理念和产品来吸引消费者的关注和信任。

总之,思政元素在营销中的广泛应用可以帮助企业树立正确的品牌形象和价值观,传达社会责任感,吸引消费者的关注和信任,提高品牌忠诚度。

6.4 初创企业营销组合策略

6.4.1 初创企业营销定价

价格是市场营销组合中十分敏感、活跃的因素。在市场经济条件下,产品价格对市场供求和消费者购买行为有着重要的影响。价格能起到调节市场需求和诱导市场需求的作用,价格的高低往往直接影响到产品在市场中的地位和形象,影响顾客对该产品的态度,也影响产品的销量。合理的价格能对顾客的心理产生良好的刺激作用,可以说价格本身就是一种促销因素。

1. 创业型定价的特征

传统定价是一种多在卖方市场条件下比较有利的,以自我为中心的定价方式,是以我认为市场能接受的价格和我想获得的预期利润为依据进行定价。而小微的创新型企业面对愈加动态、敌对和复杂的环境条件,需要一种机遇型的、创业型的定价机制——创业型定价。

创业型定价的特征为:企业更多地考虑基于市场、愿意承担风险、主动地和灵活地进行产品或服务的定价。一些创新型企业拥有基于企业专有知识产权的产品或服务,这些创新因素会增加产品或服务的附加值,使企业在定价时具有一定的垄断优势。传统型企业和创业型企业定价的特征,如表 6-1 所示。

表 6-1 定价的特征

传统型企业	创业型企业
基于成本	基于市场
保守型	愿意承担风险
被动性	主动性
灵活性差	灵活性强

1)基于市场

基于市场的定价方式更倾向于以顾客为中心,根据市场需求状况和消费者对产品的感觉差异来确定价格。

2）愿意承担风险

在可能产生负面影响情况下，创业者依然多采取新颖的、考虑顾客特点的方式来确定价格。

3）主动性

主动定价是指企业想以更快的价格调整速度来抓住新的机会，具有极大的创新性和侵略性。

4）灵活性强

基于不同的市场和顾客、购买的时间和地点、产品和服务的销售方式，以及竞争者行为等因素来确定价格。

2. 创业型定价的步骤

1）了解顾客感知价值

了解顾客感知价值是指按照顾客对商品的认知和需求程度制定价格，而不是根据卖方的成本定价。这是利用产品在消费者心目中的价值，也就是消费者心中对价值的理解程度来确定产品价格水平的一种方法。这类定价方法的出发点是顾客需求，认为企业生产产品是为了满足顾客的需要，所以产品的价格应按照顾客对产品本身价值的理解来制定。消费者对商品价值的认知和理解程度不同，会形成不同的定价上限，如果价格刚好定在这个限度内，那么消费者既能顺利购买，企业也将更加有利可图，所以这种定价方法的灵活性很强。

顾客价值的本质是顾客感知，即顾客对与某企业交互过程和结果的主观感知，包括顾客对其感知利得与感知利失之间的比较和权衡。顾客感知价值是指顾客对企业提供的产品或服务所具有价值的主观认知，是一种价值判断，属于外部顾客认知导向，它不同于传统意义上的顾客价值概念。消费者的感知心理活动是进行其他消费心理活动的基础。这种感知大多时候会和现实不一致，不同的顾客对同一产品或服务所感知到的价值并不相同，顾客会根据自己感受到的价值做出购买决定。这种感知会受多种因素的影响。例如，在不同的购买地点、购买时间、消费时间与地点，顾客对价值的感知就不一样。这表明顾客感知价值是主观的、动态的。企业应分析顾客对于自己产品或服务的感知价值，根据分析结果进行定价。根据 Wolfgang Ulaga 等人对顾客价值的驱动因素的实证研究表明，光靠产品质量是不能创造和传递优异顾客感知价值的，必须深入了解顾客及其偏好，持续与顾客互动，通过识别顾客价值的关键驱动因素，了解顾客在购买产品时是如何考虑得失进行选择的，再进一步对产品进行定价。

2) 评估成本

如果说顾客感知价值是产品或服务的价格上限,那么成本则是价格的下限。成本是指企业在为消费者提供产品或服务的过程中所耗费的资源,这些资源以货币的形式体现。正确有效的评估成本,能帮助企业制定一个合理的价格。这个合理的价格不但能弥补企业的成本,而且能为企业所消耗的劳动和承担的风险带来一定的利润回报,保证企业的正常运营和再生产。

企业的成本按性态(成本和业务量间的依存关系)划分,有两种形式:固定成本和可变成本。企业评估成本时可从上述两个方面进行评估。固定成本是指一定时期内企业承担的固定费用,它不随产品产量或销售收入变化。通常指企业的日常开支,如职工薪酬、房屋租金和财产税等。可变成本则是成本总额随着产品产量或销售量的增加(或减少)而变动的成本,单位产品的可变成本是固定的。

将产品或服务的顾客感知价值和耗费的成本进行比较,二者的差额能够反映出企业定价决策的灵活程度。差额较大时,定价决策的灵活程度高,企业可选择的价格组合更多,价格可调整的空间更大,可以根据具体情况,综合比较多种价格组合对实现价格目标所起到的作用大小,制定相应的价格战略。差额较小时,价格调整空间变小,单位产品可获得的利润较小,企业可以通过缩减中间成本,争取更高利润。如降低渠道层级、避免生产过程中原材料的浪费和提高服务效率等。

3) 观察竞争者价格

企业对竞争者的价格保持密切关注,以竞争者的价格作为自己产品定价的主要依据。它的特点为:价格与商品成本和需求不发生直接关系;商品成本或市场需求变化了,但竞争者的价格未变,就应维持原价;反之,虽然成本或需求都没有变动,但竞争者的价格变动了,则相应地调整其商品价格。

4) 确定价格目标

价格目标是指企业在为产品或服务制定价格时,期望达到的目的或标准。它为企业定价指明了方向。企业的价格目标越清晰,越有利于准确定价。通常,常见的价格目标有以下几种。

(1) 扩大市场份额。

市场份额又称市场占有率,是指某一时间、某一企业的产品在同类产品市场销售中所占的比例。在市场大小不变的情况下,市场份额和企业产品销售量呈正相关,即市场份额越高的企业产品销售量越大。企业以扩大市场份额为目标时,往往更关注长期利润,认为增加销售量能够降低单位产品的成本。当企业以扩大市场份额,增加销售量为目标时,通常会采取渗透定价策略。

(2) 攫取最大利润。

攫取最大利润不同于扩大市场份额,二者的衡量标准不同。前者强调利润的最大化,后者虽然在扩大市场份额的过程中,会因薄利多销而增加利润,但其最终目的是扩大市场份额而非赚取利润。企业往往希望通过制定合适的价格策略来进行市场的开拓,打击竞争对手,同时尽可能多地获取顾客的剩余价值,使企业的利润最大化。企业以攫取最大利润为价格目标时,适宜采用撇脂战略。

(3) 树立市场形象。

企业市场形象是指人们通过企业的各种标志(如产品特点、行销策略、人员风格等)而建立起来的对企业的总体印象,拥有良好的市场形象的企业往往更易受到消费者的青睐。良好的企业市场形象,如服务质量高、信誉好、热心公益事业等。

不同的企业市场形象可以采用不同的营销方式,如以热心公益事业为目标,可以多采取"正营销"活动;以服务质量高为目标,要从小处入手,培养员工设身处地为顾客着想,满足顾客需求的意识;以信誉好为目标的企业,则要更加关注企业产品品质、兑现与顾客的承诺等问题。

(4) 设置进入壁垒。

进入壁垒既是指行业内现存企业相对于对潜在进入的企业和刚刚进入本行业的新企业,会具有把握先机、消费者熟悉程度高、市场份额大等某种优势。也指潜在进入的企业和刚刚进入本行业的新企业则会面临着的一些困难和挑战。设置进入壁垒可以有效地保护行业内已有企业。以设置进入壁垒为目标,有利于巩固企业在行业中的现存地位,有效地遏制潜在的或新的竞争者。

5) 选择价格战略

企业的价格战略是重要的职能战略之一,是指定价格的主要思想和方向。价格战略的制定以企业所处战略阶段为出发点,受产品市场特性、企业市场定位、营销渠道选择、市场供需状况,以及现存或潜在竞争对手价格行为等多重因素的影响。

(1) 撇脂战略。

撇脂战略是基于顾客心理特点的战略,这是一种喻称。撇脂的实际含义是把牛奶中浮在最上层的乳脂撇取出来,有捞取精华的意思。采用撇脂战略的企业,在将新产品推向市场时,通常会先制定一个合理的高价格,找到新产品的早期使用者,像撇取乳脂一样先从这部分顾客手中获取一部分高额利润,随后再降低价格以适应大众需求。也就是先高价小批量投入市场,随后低价大批量生产。

运用撇脂战略的一个重要前提是同行业的竞争对手还未推出同样的产品,企业产品本身具有明显的差别化优势,如全新产品、受专利保护的产品等。其次就是企业要为新产品找到早期使用者。这类消费者往往具有一定的购买力,对价格并不敏感,他们具有一定的求新心理,愿意尝试使用新产品,为高质的新产品买单。

实行撇脂战略的条件为:

①企业的产品同市场上现有产品相比,有明显的差异,优势显著,能引起顾客的偏好;

②短期内没有替代品或替代品少,如受保护的专利产品;

③短期内竞争者不易进入市场以同样价格参加竞争。

这种战略具有较高的灵活性,运用得当,不但能够在竞争者研制出相似产品前保持差别化优势,尽快回收资金,取得利润;而且能够在有竞争者加入时,适当调整价格,通过提高性价比来维持产品的竞争优势,持续盈利。

需要注意的是,采取撇脂战略的企业在制定高价格时,要制定一个合理的高价格,若定价过高且不合理,不但会损害消费者的利益,也会给企业带来不必要的公共纠纷。同时在决定是否降低价格时,要与市场上产品的生命周期相统一,把握好市场状况和消费者心理,避免因不合时宜的降价引起消费者的不满。

(2)渗透定价策略。

渗透定价策略是一种低价策略,是新产品刚投放市场时,企业把价格定得相对较低,以利于被市场所接受,迅速打开销路,扩大市场占有率。新产品低价投入市场,薄利多销,犹如往海绵注水,故此得名。

采用渗透定价策略的优点是:低价薄利不易诱发竞争,能有效抑制竞争者的加入;能快速扩大产品销路;随着销量的增加,产品单位成本可因生产批量的扩大而降低,从而提高竞争力。其缺点是:投资回收期长;当企业提价销售时,消费者反感力强。

实行渗透定价策略的条件为:

①产品差异性小,价格需求弹性大,低价能迅速扩大销量和提高市场占有率;

②产品市场已被他人领先占领,为了挤进市场只好低价销售;

③潜在市场大,对新进入者有较大吸引力。

(3)满意定价策略。

满意定价策略是一种温和中价定价策略,是新产品刚投放市场时,企业把价格定在一个比较合理的水平,使消费者比较满意,企业又能获得适当的利润。这种策略兼顾了生产者、中间商及消费者的利益,使各方面都感到满意。即使当企业处于优势地位,本可采用高价时,但为了博得顾客的好感和长期合作,仍然选择中价,这样可赢得各方尊重。

满意定价策略的优点是:价格比较稳定,在正常情况下能实现企业盈利目标,赢得中间商和消费者的广泛合作。其缺点是：应变能力差，不适合复杂多变和竞争激烈的市场环境。

运用这一策略的具体定价，一般是采用反向定价法，即企业先通过调查，拟出消费者易于接受的零售价，然后反向推算出其他环节的价格。

3. 定价技巧

1）心理定价策略

心理定价策略是根据心理学的原理，以强化消费者某种购买心理动机而采取的销售策略。它主要包括以下几种。

（1）尾数定价。

尾数定价就是给商品一个带有零头的数，作为结尾的非整数价格。尾数定价会给消费者价格低、定价认真的感觉，认为有尾数的价格是经过认真核算才产生的，消费者对定价容易产生信任感。尾数定价一般用于中低价的日用消费品，而名牌、高质量的商品不宜采用，否则会影响名牌、高质量商品的声誉。

（2）整数定价。

整数定价是指企业在给产品定价时以整数结尾。这种策略适用于高档商品、名牌商品、礼品和消费者对性能不太了解的商品。

（3）声望定价。

声望定价是指企业针对消费者"价高质必优"的心理，对在消费者心中享有一定威望、声誉和被信任的产品制定较高的价格。购买声望定价商品的顾客，一般对价格是不介意的，只在乎商品能否显示其身份和地位，商品的商标、品牌以及价格能否炫耀其"豪华"。因此，定价较高，不仅能增加盈利，还给予顾客心理上的满足，有利于销售。

（4）招徕定价。

招徕定价就是将少数商品降价，有的商品降低了价格甚至低于成本价，从而刺激顾客购买。近年来，越来越多零售商利用节假日和换季时机举行"酬宾大减价"等活动，把部分商品按原价打折出售，甚至可以把一部分商品作为"牺牲"的对象，吸引顾客，以超低价销售，并引导消费者购买其他正常定价的商品，从而带动其他商品的销售。

（5）习惯定价。

市场上许多产品由于销售已久，形成一种习惯价格或便利价格，消费者习惯于按此价格购买，对此类产品，任何企业要进入市场，必须依照习惯价格定价，这就是习惯定价。采用习惯定价的产品，纵使成本降低，也不要轻易降价，降价易引起消费者对产品质量的怀疑，若产品成本升高，也不要轻易提价，宁可在产品内容、包装、容量等方面进行调整，提价会导致消

费者的不满。若要提价,也要跟随市场领导者之后。

2）弹性定价策略

弹性定价策略是依据价格的需求弹性的不同,来确定合理的销售价格。价格的需求弹性是指市场需求对价格变化的反应程度,其计算公式为:

$$价格的需求弹性 = 需求量变化的百分比 / 价格变化的百分比$$

一般以 E_p 来表示价格的需求弹性,即

当 $E_p=1$ 时,需求量的变动幅度与价格的变动幅度相同,这时企业无论调低、调高价格,其总收益是不变的。

当 $E_p>1$ 时,需求量变化的幅度大于价格变化的幅度,属于价格弹性充足的产品,这时企业调低价格,虽然价格下降了,但价格的降低会使销量上升较多,从而导致企业总收益增加。

当 $E_p<1$ 时,需求量变化的幅度小于价格变化的幅度,属于价格弹性不足的产品,这时企业调低价格,由于销售量上升且幅度不大,反而会使企业利润减少,因此这时调高价格会使总收益增加。

3）折扣定价策略

折扣定价策略是指企业根据产品的销售对象、成交数量、交货时间、付款条件等因素的不同,给予不同价格折扣的一种定价决策,其本质是减价策略。这是一种舍少得多,鼓励消费者购买,提高市场占有率的有效手段。折扣定价策略主要有现金折扣、数量折扣、交易折扣、季节折扣及折让等方式。

4）组合定价

（1）产品线定价。

若初创企业不只是生产经营单一产品,而是生产经营一系列产品,并且使产品的品种、档次、规格、花色、式样、等级多样化。因为产品之间存在差异,因此在价格上也应有所区别。

定价时,首先确定某种产品为最低价格,它在产品线中用招徕定价,吸引顾客购买产品线中的其他产品;其次确定产品线中某种产品为最高价格,它在产品线中充当品牌质量象征和收回投资的重要角色;最后根据其他产品的成本、特色、质量等分别定价。通过这种定价策略,使其产品成为一个整体,既保持了产品形象又提高了盈利水平。

（2）互补品定价。

互补品是指需要配套使用的产品。如计算机硬件与软件、剃须刀架与刀片等。生产经营互补品的企业,对互补品的定价:把成本高、购买频率低的主件产品的价格定得相对低一些,即有意识地降低盈利水平,扩大销售;把成本低、购买频率高的附件产品的价格定得相对

高一些，即有意识地提高盈利水平，借此获取利润。互补品的市场需求表现为甲产品价格下降引起乙产品需求量的增加。

(3) 附带产品定价。

附带产品是指与主要产品密切联系，但又可独立使用的产品。如饭店经营的主要产品是饭菜，同时又可经营酒水饮料，消费者到饭店吃饭，除了消费饭菜外，还可能消费酒水饮料。对于这类附带产品，企业采用的一般定价策略是一高一低，利用低价格吸引顾客，利用高价格增加盈利。饭店可把饭菜定低价而把酒水饮料定高价，以吸引顾客前来吃饭；也可以相反，以吸引顾客前来消费酒水饮料。

(4) 副产品定价。

副产品是指在同一生产过程中，使用同种原料，在生产主要产品的同时，附带生产出来的非主要产品。如肉类加工、石油化工、制糖等行业，在生产过程中都有副产品生成。由于副产品价值相对较低，所占比重较小，因此对副产品的定价一般不会定高价，能收回成本，有微利即可。

(5) 成组产品定价。

企业将生产经营的产品组合在一起成套销售，一方面便于顾客购买，另一方面可以增加销售额。如化妆品组合、学生用具组合、名贵药材组合、手机套餐、旅游套餐等。较为常见的是运动装、童装的组合定价。企业对这些成套产品的定价，其价格应低于分别购买其中每一件产品价格的总和。

5) 差别定价策略

差别定价策略是指企业出售同一种产品，在不存在任何成本和费用差异的情况下，以不同价格卖给顾客的策略。

(1) 顾客差别定价。

企业在推销产品时，根据顾客的身份不同，制定不同的产品或服务价格。如同种产品卖给生产者作为生产资料，其价格要比卖给居民作为消费品的低；同一列车座位，售给学生或军人的票价要比售给一般顾客的票价低。这种定价的依据是国家政策、消费目的、消费水平和消费量等。

(2) 产品形式差别定价。

产品形式差别定价是指对于同一品质的产品，由于其包装、款式、品牌、结构、式样、服务等方面的不同，确定不同的价格。如不同花色的布匹或者不同颜色、不同款式的帽子，尽管品质一样，但都可以制定不同的价格，但这种价格差异不反映成本差异。根据这些差异化价格，有利于企业引导消费者购买产品，以满足各种消费层次的需求。

(3) 产品部位差别定价。

产品部位差别定价是企业对于处在不同位置的产品或服务分别制定不同的价格。如同一剧院,前排、中排、后排的票价是前高后低;飞机和轮船的普通舱票价低,豪华舱票价高;火车卧铺里面的中铺、上铺票价比下铺的低。

(4) 时间差别定价。

时间差别定价是指同种产品在不同时间,销售价格可以不同。最明显的是鲜活产品、食品、季节性产品等。

(5) 地区差价。

地区差价是指同一种产品在同一时间,不同地区之间的价格差额。其主要原因是到不同地区的流通费用不同,不同地区的需求价格弹性不同,或是由地区促销因素造成的。一般流通费用高的、需求价格弹性高的地区,销售价格也会高一些。

6.4.2 初创企业营销渠道建设

1. 营销渠道的定义

营销渠道是指产品或服务从供应商到消费者手中的流通路径,人们也常常比喻为链条。在市场竞争激烈的情况下,供应商如何选择和建设渠道,关系到产品是否能够有效销售的问题,即营销渠道建设的好坏会影响企业产品的竞争能力和企业的市场反应能力的强弱。科学的渠道安排和控制,能有效降低产品的销售成本和价格,提高销售效率和销售量,使产品在渠道中快速地流动。科学的渠道建设还能及时、准确地捕捉市场信息,从而能及时并且准确地满足消费者需求,提高消费者的满意度。

美国市场营销学权威菲利普·科特勒说:营销渠道是指某种货物或劳务从生产者向消费者移动时,取得这种货物或劳务所有权或帮助转移其所有权的所有企业或个人。简单地说,营销渠道就是商品和服务从生产者向消费者转移过程的具体通道或路径。

2. 营销渠道的成员

1)生产商

生产商是指提供产品的生产企业,是销售渠道中最关键的因素。它不仅是销售渠道的源头和起点,而且是营销渠道的主要组织者和渠道创新的主要推动者。

2）中间商

中间商是指从事批发零售业务及代理业务的商业企业,包括生产商的销售机构、批发商、代理商、零售商等。

3）消费者

消费者是销售渠道的最后一个环节,也是产品服务的对象。

4）其他辅助商

其他辅助商是指其他一些支持渠道业务的成员,如运输公司、仓储公司、保险公司、银行、咨询公司、广告公司等。

3. 营销中间渠道

各类中间商,就像是在厂家和消费者之间的一座桥梁,通过自身广泛的销售网络,把厂家的产品配送零售终端,再销售到消费者手中,同时又把市场的供求情况及时传达给厂家。

1）经销中间商

经销中间商是指在商品流通过程中,取得商品所有权,然后再出售商品的营销中介机构,又称经销商。如我们常说的一般批发商、零售商等。

除此以外,还有一种经销中间商称为工业品经销商。他们主要是将工业品或耐用消费品直接出售给顾客的中间商。工业品经销商通常同他们的供应者之间建有长久的关系,并在某个特定的区域内拥有独家经销的权利。

2）代理中间商

代理中间商是指这样一种中间商:在商品流通过程中,他们参与寻找顾客,有时也代表生产厂商同顾客谈判,但不取得商品的所有权,因此也无须垫付商品资金,他们的报酬一般是按照商品销售量的多少,抽取一定比例的佣金。比较常见的有企业代理商、销售代理商、采购代理商、佣金代理商和经纪人。

代理商的主要任务是接受订单,然后转交制造商,由后者直接运送货物给客户,客户则直接付款给制造商。因此,代理商一般不必持有存货。生产厂商在其业务范围内可委托多个代理商。

有时,中间商没有实际获得商品实体,但他已经获得了商品的所有权,那么我们仍然认为他属于经销中间商。相反,一个中间商即使他已经取得商品的实体,但如果他不拥有商品的所有权,那么他仍然只能算是一个代理中间商。

3）辅助机构

在营销中介机构中,还有这样一种类型的机构——他们既不参与买或卖的谈判,也不取得商品的所有权,只是起到支持产品分配的作用。我们把这类机构称为辅助机构。

配送中心是这类辅助机构中的重要形式之一。配送中心主要是对商品进行集中储存,然后根据销售网点的需要,定期或不定期地对所需商品进行组配和发送的机构。在现代连锁业广泛发展的今天,配送中心的作用显得尤为重要。

如果按照在渠道中承担的不同角色来划分,我们还可以将渠道成员分成批发商、零售商、批发零售商和辅助机构。如果从国际贸易的角度考虑,还有进口商、内外贸兼营等形式。

(1) 批发零售商。

批发零售商是指批发兼零售的中间商。在外国许多城市里,大零售商经常将商品批发给本地小商店出售。如英国有经营纺织品、食品、水果及工业原料零售业务的独立批发商。有的零售商兼经营建筑材料、谷物等批发业务。

(2) 进口商。

进口商是指那些直接向海外制造厂商采购商品,然后出售给批发商、零售商的中间商。一般来说,制造厂商可以将其产品同时卖给多个进口商。

(3) 内外贸兼营。

内外贸兼营的例子中最为突出的是瑞典的"瑞典商贸联合会",其成员包括进口商、批发商、代理商等。营业额约占瑞典进口总额的三分之二。其实这种类型的中间商是批发商和进口商的综合体,只不过对外以同一的名义进行业务活动。

4. 营销渠道策略

1) 营销渠道的结构

营销渠道的结构可以分为长度结构(层级结构)、宽度结构,以及广度结构三种类型。三种渠道结构构成了渠道设计的三大要素或称为渠道变量。进一步说,渠道结构中的长度变量、宽度变量及广度变量完整地描述了一个三维立体的渠道系统。

(1) 长度结构(层级结构)。

营销渠道的长度结构,又称为层级结构,是指按照其包含的渠道中间商(购销环节),即渠道层级数量的多少来定义的一种渠道结构。

通常情况下,根据包含渠道层级的多少,可以将一条营销渠道分为零级渠道、一级渠道、二级渠道和三级渠道等。

零级渠道又称为直接渠道,是指没有渠道中间商参与的一种渠道结构。零级渠道也可以理解为是一种营销渠道结构的特殊情况。在零级渠道中,产品或服务直接由生产者销售给消费者。

第6章 创业营销策略

一级渠道包括一个渠道中间商。在工业品市场上,这个渠道中间商通常是一个代理商、佣金商或经销商;而在消费品市场上,这个渠道中间商则通常是零售商。

二级渠道包括两个渠道中间商。在工业品市场上,这两个渠道中间商通常是代理商及批发商;而在消费品市场上,这两个渠道中间商则通常是批发商和零售商。

三级渠道包括三个渠道中间商。这类渠道主要出现在消费面较宽的日用品中,比如肉食品及包装方便面等。在IT产业链中,一些小型零售商通常不是大型代理商的服务对象。因此,便在大型代理商和小型零售商之间衍生出一级专业性经销商,从而出现了三级渠道结构。

(2)宽度结构。

渠道的宽度结构是根据每一层级渠道中间商的数量的多少来定义的一种渠道结构。渠道的宽度结构受产品的性质、市场特征、用户分布,以及企业营销战略等因素的影响。渠道的宽度结构分成以下三种类型。

密集型营销渠道也称为广泛型营销渠道,就是指制造商在同一渠道层级上选用尽可能多的渠道中间商来经销自己的产品的一种渠道类型。密集型营销渠道多见于消费品领域中的便利品,比如牙膏、牙刷、饮料等。

选择性营销渠道是指在某一渠道层级上选择少量的渠道中间商来进行商品营销的一种渠道类型。在IT产业链中,许多产品都采用选择性营销渠道。

独家营销渠道是指在某一渠道层级上选用唯一的一家渠道中间商的一种渠道类型。在IT产业链中,这种渠道结构多出现在总代理或总营销一级。同时,许多新品的推出也多选择独家营销渠道模式,当市场广泛接受该产品之后,许多公司就从独家营销渠道模式向选择性营销渠道模式转移。比如,东芝的笔记本产品渠道、三星的笔记本产品渠道等就如此。

(3)广度结构。

渠道的广度结构实际上是渠道的一种多元化选择。也就是说许多公司实际上使用了多种渠道的组合,即采用了混合渠道模式来进行销售。比如,有的公司针对大的行业客户,公司内部成立大客户部直接销售;针对数量众多的中小企业用户,采用广泛的营销渠道;针对一些偏远地区的消费者,则可能采用邮购等方式来覆盖。

概括地说,渠道结构可以笼统地分为直销和营销两个大类。其中直销又可以细分为几种,比如制造商直接设立的大客户部、行业客户部或制造商直接成立的销售公司及其分支机构等。此外,还包括直接邮购、电话销售、公司网上销售等。营销则可以进一步细分为代理和经销两类。代理和经销均可能选择密集型营销渠道、选择性营销渠道和独家营销渠道等方式。

2) 营销渠道的类型

(1) 传统渠道系统。

传统渠道系统是指由独立的生产商、批发商、零售商和消费者组成的营销渠道。传统渠道系统成员之间的系统结构是松散的。由于这种渠道的每一个成员均是独立的,它们往往各自为政,各行其是,都为追求其自身利益的最大化而激烈竞争,甚至不惜牺牲整个渠道系统的利益。在传统渠道系统中,几乎没有一个成员能完全控制其他成员。传统渠道系统正面临着严峻挑战。

(2) 整合渠道系统。

整合渠道系统是指在传统渠道系统中,渠道营销成员通过不同程度的一体化整合形成的营销渠道。整合渠道系统主要包括:垂直渠道系统、水平渠道系统和多渠道营销系统。

垂直渠道系统。这是由生产者、批发商和零售商纵向整合组成的统一系统。该渠道营销成员或属于同一家公司,或将专卖特许权授予其合作成员,或有足够的能力使其他成员合作,因而能控制渠道营销成员行为,消除某些冲突。

垂直渠道系统有以下三种主要形式。

其一是公司式垂直渠道系统,即由一家公司拥有和管理若干工厂、批发机构和零售机构,控制渠道的若干层次,甚至整个营销渠道,综合经营生产、批发和零售业务。公司式垂直渠道系统又分为两类:一类是由大工业公司拥有和管理的,采取工商一体化经营方式;另一类是由大型零售公司拥有和管理的,采取商工一体化方式。

其二是管理式垂直渠道系统,即通过渠道中某个有实力的成员来协调整个产销通路的渠道系统。

其三是合同式垂直渠道系统,即不同层次的独立的制造商和中间商,以合同为基础建立的联合渠道系统。如批发商组织的自愿连锁店、零售商合作社、特许专卖机构等。

水平渠道系统。这是由两家或两家以上的公司横向联合,共同开拓新的营销机会的营销渠道系统。这些公司或因资本、生产技术、营销资源不足,无力单独开发市场机会;或因惧怕承担风险;或因与其他公司联合可实现最佳协同效益,因而组成共生联合的渠道系统。这种联合,可以是暂时的,也可以组成一家新公司,使之永久化。

多渠道营销系统。这是对同一或不同的细分市场,采用多条渠道的营销体系。多渠道营销系统大致有两种形式:一种是制造商通过两条以上的竞争性营销渠道销售同一商标的产品;另一种是制造商通过多条营销渠道销售不同商标的差异性产品。此外,还有一些公司通过同一产品在销售过程中的服务内容与方式的差异,形成多条渠道以满足不同顾客的需求。多渠道营销系统为制造商提供了三方面利益,即扩大产品的市场覆盖面、降低渠道成本和更好地适应顾客要求。但该系统也容易造成渠道之间的冲突,给渠道控制和管理工作带来更大的难度。

3) 渠道设计策略

渠道设计策略是指建立以前从未存在过的营销渠道或对已经存在的营销渠道进行变更的策略活动。设计一个渠道系统要求建立渠道目标和限制因素,识别主要的渠道选择方案,对它们做出评价。

(1) 分析服务产出水平。

这是设计营销渠道的第一步,其目的是了解在其所选择的目标市场中,消费者购买什么商品(what)、在什么地方购买(where)、为何购买(why)、何时买(when)和如何买(how)。营销人员必须了解为目标顾客设计的服务产出水平。影响渠道服务产出水平的有这样一些因素:

第一个因素是批量的大小。所谓批量是营销渠道在购买过程中提供给典型顾客的单位数量。一般而言,批量越小,由渠道所提供的服务产出水平越高。

第二个因素是渠道内顾客的等候时间。即是渠道顾客等待收到货物的平均时间。顾客一般喜欢快速交货渠道。但是快速服务要求一个高的服务产出水平。

第三个因素是营销渠道为顾客购买产品所提供的方便程度,也就是空间便利的程度。如果顾客能够在他所需要的时候不需要花费很大的时间和精力,就能获得所想要的产品或服务。那么,我们认为这个渠道的空间便利程度是较高的。

第四个因素是营销渠道提供的商品花色品种的宽度。一般来说,顾客喜欢较宽的花色品种,因为这使得顾客满足需要的机会增多了。

第五个因素是被称为服务后盾的因素。服务后盾是指渠道提供的附加的服务(如信贷、交货、安装、修理)。服务后盾越强,渠道提供的服务工作越多。

营销渠道的设计者必须了解目标顾客的服务产出需要,才能较好地设计出适合的渠道。当然,这并不是说,提高了服务产出的水平就能吸引顾客。因为,高的服务产出水平,也意味着渠道成本增加和为了保持一定利润而制定的相对较高价格。折扣商店的成功表明了在商品能降低价格时,消费者将愿意接受较低的服务产出。

(2) 设置和协调渠道目标。

无论是创建渠道,还是对原有渠道进行变更,设计者都必须将公司的渠道设计目标明确列示出来。这是因为公司设置的渠道目标很可能因为环境的变化而发生变化,只有明确列示出来,才能保证设计的渠道不偏离公司的目标。在这种情况下,明确列示出渠道目标比言传和意会更有效。

渠道目标因产品特性不同而不同。体积庞大的产品要求采用运输距离最短,在产品从生产者向消费者移动的过程中,搬运次数最少的渠道布局。非标准化产品则由公司销售代表直接销售,因为中间商缺乏必要的知识。单位价值高的产品一般由公司推销员销售,很少通过中间商。

渠道策略作为公司整体策略的一部分,还必须注意与渠道的目标和其他营销组合策略的目标(价格、促销和产品)之间的协调,注意与公司其他方面的目标(如财务、生产等)的协调,避免产生不必要的矛盾。

(3) 明确渠道的任务。

在渠道的目标设置完成之后,渠道设计者还必须将达到目标所需执行的各项任务(一般包括购买、销售、沟通、运输、储存、承担风险等)明确列示出来。

渠道任务的设计中应反映不同类型中介机构的差异,以及它们在执行任务时的优势和劣势。如使用营销中介机构能使得制造厂商的风险降低,但中介机构的业务代表对每个顾客的销售努力则低于公司销售代表所能达到的水平。两者各有优势,因此要多加斟酌。除此之外,在进行渠道任务的设计时,还需要根据不同产品或服务的特性进行一定的调整,以最大限度地适应渠道目标。

(4) 确立渠道结构方案。

在确立了渠道任务后,设计者就需要将这些任务合理地分配到不同的营销中介机构中去,使其能够最大效用地发挥作用。由于不同的设计有不同的优劣之处,因此我们可以产生若干个渠道结构的可行性方案以供最高层进行选择。

一个渠道选择方案包括三方面的要素:渠道的长度策略、渠道的宽度策略,以及中介机构的类型。

①渠道的长度策略。

渠道的长度策略是指渠道的级数的数目是多少。一般而言,渠道的级数至少有零级,也就是我们所说的直接销售。最多可以达到五级甚至五级以上。这些,我们都已经在前文中对大家做了详细的介绍,在此就不再重复介绍了。

一般而言,渠道选择会产生2~3种方案,这些方案也受到诸如制造商的活动、市场的性质和规模、中间商的选择和其他因素的限制。有时,对于所有的制造商而言,渠道结构中的级数的选择是一致的,但在某些短时期内会呈现一定的灵活性。

②渠道的宽度策略。

渠道的设计者除了要对渠道的总级数的数目做出决定,还必须对每个渠道级上使用多少个中间商做出决定,这就是渠道的宽度策略。渠道的设计者有3种基本的策略可供选择:广泛性营销、独家营销和选择性营销。

制造商们在不断地引导着从独家营销或选择性营销走向更密集的广泛性营销,以增加他们的市场覆盖面和销量。

③中介机构的类型。

第三个需要渠道设计者加以考虑的是如何对渠道内的中介机构进行具体的选择。公司应该弄清楚能够承担其渠道工作的中介机构的类型。比如,生产测试设备的公司可以在公司直接推销、制造代理商和工业营销商可以选择它的渠道。

（5）确立影响营销渠道的因素。

①产品因素。

产品的特性不同,对营销渠道的要求也不同。一般而言,商品单价越低,营销渠道一般宽又长,以追求规模效益。反之,单价越高,路线越短,渠道越窄。体积庞大、重量较大的产品,如建材、大型机器设备等,要求采取运输路线最短、搬运过程中搬运次数最少的渠道,这样可以节省物流费用。易腐烂、保质期短的产品,如新鲜蔬菜、水果、肉类等,一般要求较直接的营销方式,因为时间拖延和重复搬运会造成巨大损失。同样,对式样、款式变化快的时尚商品,也应采取短而宽的渠道,避免不必要的损失。产品的标准化程度越高,采用中间商的可能性越大。例如,毛巾、洗衣粉等日用品,以及标准工具等,因其单价低、毛利低,往往通过批发商转手销售。而对于一些技术性较强或是一些定制产品,企业要根据顾客要求进行生产,一般由生产者自己派人直接销售。产品的技术含量越高,渠道就越短,常常是直接向工业用户销售,因为技术性产品,一般需要提供各种售前和售后服务。消费品市场上,技术性产品的营销是一个难题,因为生产者不可能直接面对众多的消费者,生产者通常直接向零售商推销,通过零售商提供各种技术服务。

②市场因素。

市场因素是营销渠道设计时最重要的影响因素之一,影响渠道的市场特征主要包括:市场类型、市场规模、顾客集中度(在顾客数量一定的条件下,如果顾客集中在某一地区,则可由企业派人直接销售;如果顾客比较分散,则必须通过中间商才能将产品转移到顾客手中)、用户购买数量(如果用户每次购买的数量大,购买频率低,可采用直接营销渠道;如果用户每次购买数量小、购买频率高时,则宜采用长而宽的渠道。一家食品生产企业会向一家大型超市直接销售,因为其订购数量庞大。但是,同样是这家企业会通过批发商向小型食品店供货,因为这些小型食品店的订购量太小,不宜采取过短的渠道)、竞争者的营销渠道(在选择营销渠道时,应考虑竞争者的营销渠道。如果自己的产品比竞争者有优势,可选择同样的渠道;反之,则应尽量避开)等。

③企业自身因素。

企业自身因素是营销渠道选择和设计的根本立足点。企业规模大、实力强,往往有能力担负起部分商业职能,如仓储、运输、设立销售机构等,有条件采取短渠道。而规模小、实力弱的企业无力销售自己的产品,只能采用长渠道。声誉好的企业,希望为之推销产品的中间商就多,生产者容易找到理想的中间商进行合作,反之则不然。企业产品组合的宽度越宽,越倾向于采用较短渠道。产品组合的深度越大,则宜采取短渠道。反之,如果生产者产品组合的宽度和深度都较小,生产者只能通过批发商、零售商来转卖商品,其渠道较长且宽。产品组合的关联性越强,则越应使用性质相同或相似的渠道。管理能力和经验较强的企业往往可以选择较短的渠道,甚至直销;而管理能力和经验较差的企业一般将产品的营销工作交给中间商去完成,自己则专心于产品的生产。生产者为了实现其战略目标,往往要求对营销渠道实行不同程度的控制。如果这种愿望强,就会采取短渠道;反之,渠道可适当长些。

④环境因素。

影响营销渠道设计的环境因素既多又复杂。如科学技术发展可能为某些产品创造新的营销渠道,食品保鲜技术的发展,使水果、蔬菜等的销售渠道有可能从短渠道变为长渠道。又如经济萧条时迫使企业缩短渠道。

⑤中间商因素。

不同类型的中间商在执行营销任务时各自有其优势和劣势,营销渠道设计应充分考虑不同中间商的特征。一些技术性较强的产品,一般要选择具备相应技术能力或设备的中间商进行销售。有些产品需要一定的储备(如冷藏产品、季节性产品等),就需要寻找拥有相应储备能力的中间商进行经营。零售商的实力较强,经营规模较大,企业就可以直接通过零售商经销产品;零售商实力较弱,经营规模较小,企业只能通过批发商进行营销产品。

(6)选择营销渠道。

当企业将产品销向一个目标市场时,按使用中间商的多少,可将营销渠道划分为宽渠道和窄渠道。营销渠道的宽度是指营销渠道的每个环节或层次中,使用相对类型的中间商的数量,同一环节或层次使用的中间商越多,渠道就越宽;反之,渠道就越窄。根据营销渠道宽窄的不同选择,可以形成以下三个策略。

一是密集营销策略。

密集营销策略是指尽可能通过较多的中间商来营销商品,以扩大市场覆盖面或快速进入一个新市场,使更多的消费者可以买到这些产品。但是,这一策略会让生产者付出的销售成本较高,中间商积极性较低。

二是独家营销策略。

独家营销策略是指企业在一定时间、一定地区只选择一家中间商营销商品。生产者采取这一策略可以得到中间商最大限度的支持,如价格控制、广告宣传、信息反馈、降低库存等。其不足之处是市场覆盖面有限,而且当生产者过分信赖中间商时,就会加大中间商的谈价能力。

三是选择营销策略。

选择营销策略是指在一个目标市场上,依据一定的标准选择少数中间商销售其产品。选择营销策略可以兼有密集营销策略和独家营销策略的优点,避开这两个策略的缺点。

在营销推广中,渠道建设是非常重要的一个环节,运作的好坏直接关系产品在市场上的流通是否顺畅,以及在整体策略上是否能策应对消费者的拉动。

6.4.3 初创企业网络营销推广

当今我们都处于一个高速发展的互联网时代,许多初创企业人员都在讨论怎么样利用互联网思维去做网络营销。比如进行颠覆性创新、开启自由模式,以及创建企业自媒体等。这些都是符合"互联网+"的发展思路,这么做可能会对企业的营销有非常大的提升。

1. 搜索引擎营销

搜索引擎营销是目前最主要的网站推广营销手段之一,尤其基于自然搜索结果的搜索引擎推广,因为是免费的,因此受到众多中小网站的重视,搜索引擎营销方法也成为网络营销方法体系的主要组成部分。

搜索引擎营销主要方法包括:竞价排名、分类目录登录、搜索引擎登录、付费搜索引擎广告、关键词广告、搜索引擎优化(搜索引擎自然排名)、地址栏搜索、网站链接策略等。

2. 即时通信营销

即时通信营销又称为 IM 营销,是企业通过即时工具 IM,帮助企业推广产品和品牌的一种手段,常用的主要有以下两种情况:

第一种,网络在线交流,中小企业建立了网店或者企业网站时,一般会有即时通信在线,这样潜在的客户如果对产品或者服务感兴趣,自然会主动和在线的商家联系。

第二种,广告,中小企业可以通过 IM 营销通信工具,发布一些产品信息、促销信息,或者可以通过图片发布一些网友喜欢的表情,同时可以加上企业要宣传的标志。

3. 病毒式营销（病毒性营销）

病毒式营销是一种常用的网络营销方法，常用于进行网站推广、品牌推广等，病毒式营销利用的是用户"口碑传播"的原理，在互联网上，这种"口碑传播"更为方便，可以像病毒一样迅速蔓延，因此病毒式营销成为一种高效的信息传播方式。而且，由于这种传播是用户之间自发进行的，因此几乎是不需要费用的网络营销手段。

病毒式营销的巨大威力就像一颗小小的石子投入了平静的湖面，一瞬间似乎只是激起了小小的波纹，转眼湖面又恢复了宁静，但是稍等一下，你就会看到波纹在不断进行着层层叠叠的延展，短短几分钟，整个湖面都起了震荡。这就是病毒式营销的魅力。

4. BBS营销

BBS营销又称为论坛营销，就是利用论坛这种网络交流平台，通过文字、图片、视频等方式传播企业品牌、产品和服务的信息，从而让目标客户更加深刻地了解企业的产品和服务。最终达到宣传企业品牌、产品和服务的效果，以及加深市场认知度的网络营销活动。

BBS营销就是利用论坛的人气，通过专业的论坛帖子策划、撰写、发放、监测、汇报流程，在论坛空间提供高效传播。包括各种置顶帖、普通帖、连环帖、论战帖、多图帖、视频帖等。再利用论坛强大的聚众能力，利用论坛作为平台举办各类踩楼、灌水、视频等活动，调动网友与品牌之间的互动，从而达到企业品牌传播和产品销售的目的。

5. 博客营销

博客营销是通过博客网站或博客论坛接触博客作者和浏览者，利用博客作者个人的知识、兴趣和生活体验等传播商品信息的营销活动。

博客营销本质在于通过原创专业化内容进行知识分享以争夺话语权，建立起个人品牌，树立自己"意见领袖"的身份，进而影响读者和消费者的思维和购买行为。

6. 聊天群组营销

聊天群组营销是即时通信营销的延伸，具体是利用各种即时聊天软件中的群功能展开的营销，目前的群有QQ群、MSN群、旺旺群、新浪聊天吧群、微信群，等等。

聊天群组营销时借用即时通信营销具有成本低、即时效果好和互动效果好的特点，广为企业采用。它是通过发布一些文字、图片等方式，传播企业品牌、产品和服务的信息，从而让目标客户更加深刻地了解企业的产品和服务。最终达到宣传企业品牌、产品和服务的效果，加深市场认知度的网络营销活动。

7. 网络知识性营销

网络知识性营销是利用百度的"知道""百科"、新浪的"爱问"或企业网站自建的疑问解答板块等平台,通过与用户之间提问与解答的方式来传播企业品牌、产品和服务的信息。

网络知识性营销主要是因为扩展了用户的知识层面,让用户体验企业和个人的专业技术水平和高质服务,从而对企业和个人的产生信赖和认可,最终达到了传播企业品牌、产品和服务的信息的目的。

8. 网络事件营销

网络事件营销是企业、组织主要以网络为传播平台,通过精心策划、实施可以让公众直接参与并享受乐趣的事件,并通过这样的事件达到吸引或转移公众注意力,改善、增进与公众的关系,塑造企业、组织良好的形象,以谋求企业的更大效果的营销传播活动。

9. 网络口碑营销

网络口碑营销是把传统的口碑营销与网络技术有机结合起来的新营销方式,应用互联网互动和便利的特点,在互联网上,通过消费者或企业销售人员,以文字、图片、视频等口碑信息与目标客户之间进行的互动沟通,两者对企业的品牌、产品、服务等相关信息进行讨论,从而加深目标客户的影响和印象,最终达到网络营销的目的。

网络口碑营销是 Web2.0 网络中最有效的传播模式。网络口碑营销在国际上已经盛行了很久,美国有专门的协会来对此领域进行研究和探讨。

10. 网络直复营销

网络直复营销是指生产厂家通过网络,直接发展营销渠道或直接面对终端消费者销售产品的营销方式。

网络直复营销是通过把传统的直销行为和网络有机结合,从而演变成了一种全新的、颠覆性的营销模式。很多中小企业因为营销成本过高和自身实力太弱等原因,纷纷采用网络直复营销,想通过其成本低、收入高等特点,达到"以小博大"的目的。

11. 网络视频营销

网络视频营销指的是企业将各种视频短片以各种形式放到互联网上,达到宣传企业品牌、产品,以及服务信息的目的。网络视频广告的形式类似于电视短片,它具有电视短片的种种特征。例如,感染力强、形式内容多样,等等,又具有互联网营销的优势。

12. 网络图片营销

网络图片营销就是企业把设计好的有创意的图片,在各大论坛、空间、博客和即时聊天等工具上进行传播或通过搜索引擎的自动抓取,达到传播企业品牌、产品、服务等信息,最终达到营销的目的。

13. 网络软文营销

网络软文营销又称为网络新闻营销,通过网络上的门户网站、地方或行业网站等平台传播一些具有阐述性、新闻性和宣传性的文章,包括一些网络新闻通稿、深度报道、案例分析等,把企业、品牌、人物、产品、服务、活动项目等相关信息以新闻报道的方式,及时、全面、有效、经济地向社会公众广泛传播的新型营销方式。

14. RSS 营销

RSS 营销又称为网络电子订阅杂志营销,是指利用 RSS 这一互联网工具传递营销信息的网络营销模式,RSS 营销的特点决定了其比其他邮件列表营销具有更多的优势,是对邮件列表营销的替代和补充。使用 RSS 营销的都是以行业业内人士居多,比如研发人员、财经人员和企业管理人员。他们会在一些专业性很强的科技型、财经型、管理型等专业性的网站,用邮件形式订阅他们的杂志和日志信息,从而达到了解行业新的信息需求。

15. SNS 营销

SNS 的全称为 Social Networking Services,即社会性网络服务。例如,人人网、开心网等都是 SNS 型网站。这些网站旨在帮助人们建立社会性网络的互联网应用服务。SNS 营销是随着网络社区化而兴起的营销方式。SNS 社区在中国发展的时间并不长,但是 SNS 现在已经成为备受广大用户欢迎的一种网络交际模式。SNS 营销就是利用 SNS 网站的分享和共享功能,在六维理论的基础上实现的一种营销。

6.4.4 产品促销策略

促销是促进产品销售的简称,它有广义和狭义两层含义。广义的促销是指企业应用各

第6章 创业营销策略

种沟通方式、手段,向消费者传递商品(服务)与企业信息,实现双向沟通,使消费者对企业及其商品(服务)产生兴趣、好感与信任,进而做出购买决策的活动。主要方式包括人员推销、广告、营业推广和公共关系。而狭义的促销是单指营业推广,也称销售促进。狭义的促销是指在广告、人员推销、公关宣传之外所做的一切能刺激顾客购买或经销商交易的行销活动,包括消费者促销、通路促销、业务人员促销(激励)。

1. 促销的作用及方式

促销策略是企业市场营销活动的重要组成部分,企业通过各种促销活动,沟通和传递信息,激发消费者的购买行为。消费者购买行为的产生,需要是"内因",促销只是"外因",这是一个大前提。总体来说,促销起的只是催化、加速、促成、激励的作用。这些作用概括起来主要有以下 4 个方面。

(1) 传递供给信息,指导顾客消费。

促销可以帮助企业把进入市场或即将进入市场的产品、服务的有关信息传递给目标市场的购买者,以引起他们的注意,从而使在市场上正在寻找卖主的潜在顾客成为现实顾客。一种商品在即将进入市场,或者已经进入市场以后,企业为了使更多的消费者了解这种产品,就需要及时向消费者传递有关企业状况、产品特点、价格、服务方式和内容等相关信息,以此引导消费者对产品产生需求欲望并采取购买行为。

(2) 突出产品特点,激发消费需求。

有效的促销活动通过介绍产品(尤其是新产品)的性能、用途、特征等,能够引导和激发需求,在一定条件下还可以创造需求。与众不同、独树一帜是多数企业成功的秘诀,而市场经济的快速发展又使商品质量、花色和品种向同质化方向发展。有些同类产品差别小,消费者不易分辨,假冒伪劣产品以假乱真,消费者更是无法分辨,在这种情况下,企业需要通过促销的方式,向消费者宣传和说明自己产品与同类产品的差别,便于消费者了解本企业产品的特点。

(3) 强调心理促销,激励购买行为。

现代促销活动其实是"攻心为上",强调心理战术的促销活动。"心动"是前提,只有"心动"才可能"行动",无论采用哪一种促销方式,从本质上来说,都是一种"打动人心"的活动。消费者一般对新产品具有抗拒心理。由于使用新产品的初次消费成本是使用老产品的一倍(对新产品一旦不满意,还要花同样的价钱去购买老产品,这等于花了两份的价钱才得到了一个满意的产品,所以许多消费者在心理上认为买新产品的代价高),消费者就不愿意冒风险对新产品进行尝试。但是,促销可以让消费者降低这种风险意识,降低初次消费成本,从而去接受新产品。

(4) 树立企业形象,赢得顾客信任。

促销活动有时并不以立即产生购买行为为目的,它可能是通过促销活动树立企业及其产品在市场上的良好形象,给消费者留下深刻的印象,形成消费者根深蒂固的特殊偏好,一旦产生购买欲望与需求时,就会马上联想到其企业的产品。

2. 促销组合策略

1) 促销组合的定义

促销组合是一种组织促销活动的策略思路,主张企业运用广告促销、人员推销、公关促销、营业推广等4种基本促销方式,组合成一个策略系统,使企业的全部促销活动互相配合、协调一致,最大限度地发挥整体效果,从而顺利实现企业的目标。

善于经营的企业,不仅要努力开发适销对路的产品,制定具有竞争力的价格和选择合理的营销渠道,而且要及时、有效地将产品或劳务的信息传送给目标顾客,沟通生产者、经营者与消费者之间的联系,激发消费者或客户的欲望和兴趣,进而满足其需要,促使其实现购买行为。

促销组合体现了现代市场营销理论的核心思想——整体营销。促销组合是一种系统化的整体策略,4种基本促销方式则构成了这一整体策略的4个子系统。每个子系统都包括了一些可变因素,即具体的促销手段或工具,某一因素的改变意味着组合关系的变化,也就意味着一个新的促销策略。促销组合各方式的特点,如表6-2所示。

表6-2 促销组合各方式的特点

促销方式	特 点	简 评
广告促销	告知、公众性、渗透性、表现性	广告对树立企业的长期形象有利
人员推销	直接、沟通	人员推销是双向沟通,推销过程实际上是建立人际关系的过程
营业推广	吸引、刺激、短期	与日常营业活动紧密结合,在促销活动中最具创造力
公关促销	可信度高、传达力强、戏剧性	公共关系是一种软广告,往往能起到事半功倍的效果

(1) 广告促销是指企业按照一定的预算方式,支付一定数额的费用,通过不同的媒体对产品进行广泛宣传,促进产品销售的传播活动。

(2) 人员推销是指企业派出推销人员或委托推销人员,直接与消费者接触,向目标顾客进行产品介绍、推广,促进销售的沟通活动。

(3) 营业推广是指企业为刺激消费者购买,由一系列具有短期引导性的营业方法组成的沟通活动。

(4) 公关促销是指企业通过开展公共关系活动或通过第三方在各种传播媒体上宣传企业形象，促进与内部员工、外部公众良好关系的沟通活动。

当然，随着营销理论和实践的不断进步，促销的方式也在不断地更新和变化。如"企业赞助"这是企业广告和公关相结合的一种新的促销方式，企业赞助的范围也很广泛，它在企业促销中起着越来越重要的作用。企业赞助最主要的支出是在体育类项目上，还包括慈善和艺术活动、巡回音乐会、电影，以及节日庆典和展览会之类的年度活动。

2) 促销组合决策

促销组合决策就是决定如何选择和组合应用以上这几种促销方式，达到企业有效进行促销的目的。企业促销组合应体现整体决策思想，形成一个完整的促销组合决策。促销组合决策的内容有以下几点。

(1) 确认促销对象。

成功的促销实践证明，准确确认促销对象是企业开展促销活动的首要问题。它不仅是企业整个促销决策的重要组成部分，也是企业确定促销目标、设计促销内容、选择渠道、规划组合及检测促销效果等工作的重要前提和基础。在产品促销中，促销对象主要是企业产品的销售对象。这个问题主要通过企业目标市场的可行性研究与市场营销调研来解决。通过这两项工作，企业可以界定其产品的销售对象是现实购买者还是潜在购买者，是消费者个人、家庭还是社会团体。应当说，明确了企业产品的销售对象，也就确认了促销的目标对象。

(2) 确定促销目标。

在不同时期和不同的市场环境下，企业开展的促销活动都有着特定的促销目标。所谓促销目标是指企业促销活动所要达到的目的。例如，在一定时期内，某企业的促销目标是在某一市场激发消费者的需求，扩大企业的市场份额；而另一企业促销目标则是加深消费者对企业的印象，树立企业的形象，为其产品今后占领市场、提高市场竞争地位奠定基础。显然，这两个企业的促销目标不同，因此，促销组合决策就不应该一样。前者属于短期促销目标，为了近期利益，它宜采用广告促销和营业推广相结合的方式。后者属于长期促销目标，其公关促销具有决定性意义，辅之以必要的人员推销和广告促销。在决策中，企业还需注意：企业促销目标的选择必须服从企业营销的总体目标，不能为了单纯的促销而促销。

(3) 促销信息的设计。

促销目标必须通过促销信息传递来实现，因此，企业必须设计有效的促销信息。企业在设计有效促销信息时,必须重点研究信息内容的设计。促销信息内容是指企业促销要对目标对象所要表达的诉求是什么,并以此刺激其反应。诉求一般分为理性诉求、感性诉求和道德诉求三种方式。一是理性诉求,重点是试图说明该产品能为目标对象带来何种利益。一般机器、设备等生产资料,运用理性诉求较好,因为产业购买者对理性诉求的反应较为显著。二是感性诉求,试图引起目标对象的情感,如喜爱、荣耀等情感,以激发消费者的购买行为。这种诉求通常应用在生活消费品的信息内容设计中。三是道德诉求,试图让信息接收者感到什么是对的和适当的,通常用于劝说人们支持某些社会活动,如为"希望工程"义捐等。

3)选择沟通渠道

企业在促销活动中,可选择用来传递促销信息的沟通渠道主要有两类:人员沟通渠道与非人员沟通渠道。人员沟通渠道是指两个或两个以上的人之间的直接沟通,主要包括企业的销售人员与目标购买者之间的接触、有关专家向目标购买者当面推荐、亲朋好友及俱乐部会员对目标购买者的建议等三种具体形式。人员沟通渠道之所以有沟通效果,主要在于当事人可直接说明,同时也能得到反馈,且可利用良好的"口碑"来扩大企业及产品的知名度与美誉度。一般来说,当企业的产品价格昂贵、风险大或不经常购买时,或者企业的产品代表拥有显著的社会地位,人员的影响力显得尤其重要,运用人员沟通渠道最为适宜。非人员沟通渠道是指不以人员的接触或互动来传递信息,其方式包括媒体、气氛与事件,也称大众传播沟通。一般情况下,人员沟通渠道比大众传播沟通渠道更有效,但尽管如此,大众传播沟通与人员沟通是相辅相成的,两者的有机结合才能发挥更好的效果。

4)确定促销的具体组合

促销组合决策的关键是确定促销的具体组合,即根据不同的情况,将人员推销、广告促销、营业推广和公关促销4种促销方式进行适当搭配,使其发挥整体的促销效果。企业在决定促销组合时应考虑以下因素来确定促销的具体组合。

(1)产品的属性。产品从其基本属性角度来看,可分为生产资料和生活资料。生产资料是以人员推销为主的促销组合,因为生产资料产品技术性较强,购买者数量较少,但购买数量大且金额较高;生活资料是以广告为主的促销组合,因为生活资料市场购买者人数众多,产品技术性较简单,标准化程度较高。在生产者市场和消费者市场上,公关促销和营业推广都处于次要地位。当然,也不能把问题绝对化。

(2)产品的价格。一般产品技术性能复杂、价格较高的产品销售,应以人员推销为主,辅以其他沟通方式的促销组合;产品技术性能一般化的、价格较低的产品,应以广告沟通为主,辅以其他沟通方式的促销组合。

(3)产品的寿命周期。在产品寿命周期的不同阶段,有不同的促销目标,因而应采取不同的促销组合策略。在产品投入期阶段,新产品首次打入市场,应以广告促销为主的促销策略,重点宣传产品的性质、牌号、功能、服务等,以引起消费者对新产品的注意。在产品成长期阶段,市场已经发生了变化,消费者已对产品有所了解,仍以广告为主的促销组合,但广告宣传应从一般介绍产品转为着重宣传企业产品特色,树立品牌,使消费者对企业产品形成偏好。这时应增加促销费用,并配合人员推销,以扩大销售渠道。在产品成熟期阶段,产品已全部打入市场,销售从鼎盛转为呈下降趋势。这时,广告促销仍不失为一种重要方式。但其他促销方式应配套使用,尤其应重视营业推广方式。在产品衰退期阶段,同行竞争已到了白热化程度,替代产品已出现,消费者的兴趣已转移,这时企业应该削减原有产品的促销费用,少量采用提示性广告,对于一些老用户,营业推广方式仍要保持。

(4) 目标市场特点。目标市场在销售范围大、涉及面多的情况下,应以广告促销为主,辅以其他沟通方式;目标市场相对集中,销售范围较小,需求量较大的应以人员推销为主,辅以其他沟通方式。如果目标市场消费者文化水平较高、经济收入较多,应较多运用广告促销和公关促销为主的组合;反之,应多用人员推销和营业推广为主的促销组合。

(5) "推"策略或"拉"策略。在促销中,企业一般采用"推"策略或"拉"策略。"推"策略是把中间商作为主要的促销对象,把产品推进营销渠道,推上最终市场。"拉"策略是把消费者作为促销对象,引导消费者购买,从而拉动中间商进货。两者不同的促销策略采用的是不同的促销组合,"推"策略采用的是以人员推销为主的促销组合,而"拉"策略采用以广告促销为主的促销组合。企业对两种策略有不同的偏好,有些偏重"推"策略,有些偏重"拉"策略。

5) 确定促销预算

开展促销活动必须花费一定的费用,这些费用必须事先预算。一般来说,人员推销、广告促销、公关促销和营业推广的费用是依次递减的。当然,促销费用与促销效益并不一定成正比关系,企业应从自己的经济实力和宣传期内受干扰程度大小的状况,来决定促销组合方式。如果企业促销费用宽裕,则可几种促销方式同时使用;反之,则要考虑选择耗资较少的促销方式。

总之,企业应对不同促销方式各有侧重,灵活运用,并制定实施的先后顺序,分清轻重缓急,以求取得最佳的效果。

在本章的教学中,一是要引导学生自学网络市场法律法规,不断掌握最新的网络市场发展动态,不仅能将课程思政教育不断延续,更能帮助学生塑造良好的职业道德品质。

二是引导学生自觉树立正确的网络营销价值观,从市场营销的核心价值观——以顾客为中心出发,融合社会主义核心价值观中的"诚信""公正""法治""平等",培育并践行"诚信经营""公平交易""顾客至上"等积极正确的网络营销价值观。

三要鼓励学生走出课堂,宣传正确的网络营销价值观与法律知识,将课程思政教育深入到学生的自觉行动中。例如,成立"反网络诈骗"学生社团,开展一系列"反网络诈骗"宣传活动,增强大学生预防网络诈骗的意识,提高鉴别网络信息的能力,进一步维护广大学生的切身利益。此外,鼓励学生积极参与志愿者服务等社会实践活动,自觉践行并传播与社会主义核心价值观有机统一的人生观、价值观与职业观,充分利用自身所学知识和技能回馈社会。

拓展训练

把冰箱卖给因纽特人

形式:小组。

时间:30分钟。

目的:

(1)帮助学生在最困难的情况下(如销售不可能卖出的物品时),锻炼如何与顾客沟通的技巧,提高自己的应变能力和说服力。

(2)情商(EQ,善解人意,以他人的价值标准和能力为基础实现自己的目标)较高的人能够传递使人信服的信息,这会使聆听者对他们敞开心扉,接受他们的信息。

程序:

(1)把学生分成几个小组,并给每组一张卡片。每张卡片上写着一件商品的名字和它应卖给的特定人群。十分明显,这些人群并不需要这些商品;这些人群完全应该拒绝这些商品。因此,每个小组的挑战是销售不可能卖出的物品。

(2)每个小组用10~15分钟的时间提出一个1分钟的广告语,用来把他们的商品销售给卡片中描述的特定人群。广告应以一种有趣和有说服力的方式表达以下几点内容:

①该商品如何能提高这个特定人群的生活质量;

②这个特定人群如何有创造性和有意义地使用这件商品;

③该商品与这个特定人群的特有目的和价值标准之间是如何匹配的。

(3)每个小组把他们的广告语朗诵给其他同学听,好像他们就是目标人群一样。聆听广告的学生应该根据广告是否能打动他们,是否能满足某个特定需要来评判其是否成功,并通过伸1个手指或5个手指进行表决:5个手指表示这个广告会说服他们购买;1个手指表示请销售人员离开。

(4)对比各组分数,祝贺获胜的一组。

讨论：

①为了卖出商品，你们小组采用了哪些策略？关于目标人群的需要、想法或价值标准，你们小组是如何设想的？

②在现实生活中，我们能否经常做到善解人意？为什么？

③为了与自己并不赞同的人心意相通，将不得不放弃什么思想？

④你从这个训练中受到什么启发和帮助？

 思考题

（1）创业营销的概念及含义是什么？

（2）简述促销的作用及方式。

（3）如何运用产品组合策略解决营销问题？

第 7 章　创业启动资金与股权设计

> **本章要点**

（1）创业启动资金。
（2）制定利润计划。
（3）创业融资。

大学生创业教育与实践并不仅仅是大学生在高校内的简单培训，或者是模拟创业。真实的创业过程需要建立广泛的社会支持系统，实现创意、资源、平台等的共享。共享体现在公共资源共享、创意共享、管理理念共享、成果共享、价值体验共享等。这些共享价值，体现社会创业环境的优化，大众创业意识的增强，为建立创新型社会奠定基础。因此，在销售收入能够收回成本之前，为了预算能够更加准确，你必须要制定一个现金流量计划。

7.1　创业启动资金

创办企业之前，要对企业规模有一个大概的预测，然后根据这个规模预测，我们需要准备多少启动资金，看看我们能不能筹集到这笔钱。

1. 什么是启动资金

启动资金是用来支付营业场地、办公家具和设备、机器、原材料和商品库存、办理营业执照和许可证、开业前广告和促销、员工工资，以及水电费和电话费等费用的资金。

2. 启动资金包括哪些内容

启动资金由固定资产投资、流动资金和开办费共同组成。

第7章 创业启动资金与股权设计

固定资产投资包括：企业所购置的价值较高、使用寿命长的东西。如房屋及建筑物、机器设备、运输设备、工具和器具等，除了必不可少的东西非买不可外，尽量少"投资"，以降低经营风险。当然固定资产可以折旧，即分期打入成本逐渐回收。

流动资金投资包括：企业日常运转时所需支付的资金。如工资、原材料、产品储存、现金、应收及预付款、促销费用、租金、保险费、电费、办公费、交通费等。流动资金的最大特点就在于随时变化。

开办费包括：办证费、验资费、技术（专利）转让费、加盟费等。

企业最初收入取得之前，必须要有可以支付各种费用的资金。

3. 创业资金怎样测算

1）固定资产投资预测

固定资产投资一般分为两类，即营业场所和设备。

营业场所：

（1）造房：满足所需，但成本高且时间长。

（2）买房：简便快捷，但成本高。

（3）租房：灵活启动资金少，但不稳定。

（4）在家开业：简便且成本低，但生活和工作会相互干扰。

设备：

设备是指企业需要的所有机器、工具、工作设施、车辆、办公家具等。一旦这些物资被确定购买，就必须准备购入这些设备的资金。

创办企业前，你必须有这笔钱。因为可能要等几年后企业才能收回这笔投资。因此在开办企业之前，必须预算一下你的企业固定资产投资到底需要多少资金。

2）流动资金预测

流动资金是指企业运转所需的日常开支。适当的流动资金准备能使企业从容应对各种费用的支付。创业之初，流动资金主要包括以下几个方面的内容：

（1）购买并储存原材料和库存商品。无论是生产企业、服务业还是商业企业，都必须有足够的库存来保证生产和运营的顺利进行，创业初期要将库存降低。

（2）人工费。人工费是企业以货币形式支付给员工的劳动报酬，包括工资和奖金，也包括按照法律规定，由企业承担的社会保险费、福利费等。

（3）广告、宣传费用。一个新的企业，为了让外界了解企业和产品，应该扩大宣传，促销企业产品，也就产生了广告费用。

(4) 日常之初费用。包括办公用品支出、电话费、网络费、招待费等。

(5) 租金。如果企业的场地和设备是租来的,在企业开办之前还要支付相应的租金,一般可以按季度或按年支付。

除了上述费用外,企业日常经营需要流动资金,如设备维护费、差旅费等。

一般来说,流动资金中,原材料购进或库存所占比例很大,所以要对原材料和库存进行分析,预测流动资金的需求量。要保证购置多少原材料才能满足生产需要,保证有多少库存才能满足扩大生产的需要。

此外,在能够收回成本之前,小微企业事先至少要准备 3 个月的流动资金。为预算更加准确,还必须制定一个现金流量计划。

7.2 制定利润计划

1. 制定利润计划包括的内容

(1) 制定销售价格:卖出商品要顾客支付多少钱。
(2) 预测销售收入:一段时间里(12 个月)能回笼多少资金。
(3) 做销售成本计划:卖出商品之后是赚了还是赔了。
(4) 制定现金流量计划:要保证企业运转中,不因缺钱而被搁浅。

2. 确定商品价格

确定商品价格包括成本加价法和竞争价格法。

成本加价法就是在成本上加上一定百分比的利润就成了产品/服务的定价。

因为:

$$利润 = 销售价格 - 成本$$

所以:

$$销售价格 = 成本 + 利润 + 其他$$

成本包括:固定成本与可变成本。

固定成本:基本不变的成本,如租金、保险等。(创业初期应降低固定成本支出)

可变成本:随着生产或销售的起伏而变化,如材料成本等。

折旧成本:由固定资产不断贬值而产生的成本。

竞争价格法：

制造产品/服务价格的基础是成本核算。但在加价时还要考虑加百分之几最合适，这就要看竞争对手们的定价了。当然是拿竞争对手的出厂价来和自己的出厂价做同类比较。

企业应同时用成本加价法和竞争比较这两种方法来制定价格。一方面，要严格核算成本，保证定价高于成本。另一方面，要比较同类产品价格，保持竞争力。

3. 预测销售收入

在销售预测的基础上，根据销售量算出企业的销售收入。不同企业的不同销售预测都可以采用以下步骤：

（1）列出产品、服务的清单。
（2）预测一年中每个月的产品销售量，而数据来自企业的市场调查。
（3）为每项产品制定价格。
（4）用销售单价乘以月销售量，计算该产品的月销售额。

销售收入预测表，如表7-1所示。

表7-1 销售收入预测表

月份	1月	2月	3月	4月	5月	6月	7月	8月	9月	10月	11月	12月
预测销售量												
产品单价												
含税销售额												

4. 制定销售和成本计划

制定销售和成本计划的目的在于预测企业在未来的时间里能否盈利。

预测销售收入并确定成本，两者之差为"利润"。

5. 制定现金流量计划

对于创业者来说，现金流是稳健经营和扩大规模不可或缺的基础，创业者要重视流动资金的管理。因此，企业任何一个月都不能现金短缺。防患于未然，企业必须要制定现金流量计划。计划中一旦发现现金流量为负值时，就能预先采取防范措施加以补救。

注意：维系企业生命的血液是现金流，也是创业者的生命线。

销售和成本计划表,如表 7-2 所示。

表 7-2 销售和成本计划表

项目		月份												合计
		1月	2月	3月	4月	5月	6月	7月	8月	9月	10月	11月	12月	
销售	含税销售收入													
	增值税													
	净销售收入													
成本	原材料													
	人工工资													
	促销费用													
	电费和电话费													
	折旧摊销费													
	维修费													
	保险费													
	—													
	—													
	总成本													
利润														
税费	纳税基数													
	个人所得税													
	附加税费													
	净收入													

现金流量的大小直接反映企业的赚钱能力,是企业创业阶段和成长阶段管理的重点。创业者首先应关注现金流量,而不是会计利润。

现金流量表计划,如表 7-3 所示。

表 7-3 现金流量表计划

项目	月份												合计
	1月	2月	3月	4月	5月	6月	7月	8月	9月	10月	11月	12月	
月初现金													
现金销售													
赊账销售													

续表

项 目	月份												合计
	1月	2月	3月	4月	5月	6月	7月	8月	9月	10月	11月	12月	
销售总收入													
业主投资													
可支配现金													
现金采购													
工资													
营销与促销													
保险													
维修													
电费和电话费													
设备采购													
工棚/台子													
采购工具													
开办费													
增值税													
附加税费													
个人所得税													
现金总支出													
月底现金													

确保现金流量充足的方法如下。

(1) 如果客户是第一次购买产品,那么就要求对方先付款再提货,并随时记录各个客户的付款情况,制定相应的付款条款。

(2) 对于原材料企业,除了第一次提前支付货款外,以后的合作可以尽量先收货后付款。

(3) 对于需要占用资金大、建设周期长的大型生产设备或固定资产,要尽量考虑租用。

(4) 按季度支付员工奖金。

7.3 创业融资

1. 创业融资的概念

创业融资是指创业者向企业外部有关单位或个人融通创业生产经营所需资金的财务活动。按创业企业所需的资金的不同,可分为权益资金和借入资金。

权益资金是指企业股东提供的资金,特点是不需要归还,筹资的风险小、期望的报酬率高。

借入资金是指债权人提供的资金。特点是按期归还、有一定的风险、期望的报酬率比权益资金低。

二者之间存在一定的资本结构,即比例关系。筹资重点内容就是确定最佳资金结构。

2. 创业融资的基本要求

(1) 建立资本金制度,确保资本金的安全与完整。
(2) 合理预测资金需要量,保持资金筹集与资金需求的平衡。
(3) 选择筹资渠道和方式,力求降低筹资成本。
(4) 保持合理的资金结构。

3. 筹集资金的方法

(1) 自己的积累。部分大学生可以靠自己的兼职、打工来积累创业资金,更多人可能要先就业,积累资金后再创业。

(2) 向亲朋好友筹借资金。家人资助是大学生获得创业资金的主要来源,血缘关系和亲友的信任是大学生创业最天然的资源,向亲朋好友借款是大学生最容易实现的融资方式。

(3) 向银行借款。商业银行贷款有抵押、质押、保证和信用贷款等方式,大学生创业几乎很难从商业银行取得贷款。

(4) 风险投资。吸引风险投资是大学生创业最值得提倡的融资方式,但要求也很高,一般项目很难取得融资。

(5) 大公司加盟创业担保或者提供设备支持。
(6) 赊购上游厂家的货物或产品支持。

(7)信用卡帮助。

(8)寻找国家给予的政策支持和帮助。

(9)寻找投资者或者合作伙伴。

(10)近年来,高校也推出了自己的创业基金,用来扶持大学生创业。参加各类创新创业竞赛也是获得奖励资金的一个渠道。

创业体系的各个主体是有主观能动性的实践者,作为创新创业社会的推动力量,他们的参与价值彰显社会的正能量。推动社会发展的能力及服务社会的功能主要体现在参与性,参与价值也在不断演进。在创新创业大潮中,只有不断、有效地参与,才能够辨明功能转变的契机与价值,从而促进自身不断进步与提升。大学生作为参与主体,鼓励其在创新创业大潮中参与、共享。而在快速发展变化的新时代,大学生作为创业的主要人群,以其高附加值的脑力资本,参与创意创新,具有首创价值。这种首创价值也就是创造内生力,青年的活力与创造力是社会发展的主要内生动力,是积极的人力资本,在外界有利条件的支持下,首创价值催生新的市场价值与人生价值。

 拓展阅读

温州市推出16条措施,助大学生创新创业

近日,温州市出台《关于进一步推进在温高校大学生创新创业的意见》(以下简称《意见》),在加强创新创业教育、强化创业政策引导、优化创业生态等方面推出16条措施,助力大学生创新创业。记者注意到,温州市今后将以政府购买服务形式支持校企协同开设创业实验班等,提升大学生的"双创"能力。

开设创业实验班加强双创教育

在加强创新创业教育上,《意见》提出,要构建创新创业导师体系,实施高校"创新创业名师工作室"创建工程,每年评选约10个"创新创业名师工作室",一次性给予工作室支持经费10万元,同时让名师享受E类人才同等待遇;探索制定创新创业教师到行业企业挂职锻炼的激励和保障政策,每年选派不少于300名教师到行业企业挂职;打造高校创新创业实践基地,鼓励有条件的高校新建3000平方米以上大学生创新创业实践基地。

温州市将以政府购买服务形式支持校企协同开设创业实验班、企业接班人培训班等,支持经费标准为每个班级5万元。这类班级实行小班化、案例化教学,每班不超过30人,不少

于 100 个课时。同时,温州市还将组织高校教师和行业企业优秀人才联合编写具有科学性、先进性、适用性的创新创业教育地方教材,建立专创融合的创新创业教育教学案例库。

探索建立创新创业风险救助机制

在强化创业政策引导上,温州市将加大大学生创新创业空间供给,争取在高校周边创建由政府投资、面积不少于 5000 平方米的市级大学生创新创业园区,将其打造成为大学生创新创业的大本营和集聚地,塑造创新创业名城的"温州 IP";鼓励各地在由政府投资开设的孵化器等创业载体中至少安排 1 个集中点,以先租后补的形式免费提供 30% 以上的场地给高校毕业生。

根据《意见》,毕业年度内高校毕业生从事个体经营的,自办理个体工商户登记当月起,在 3 年(36 个月)内按每户每年 14400 元为限额,依次扣减其当年实际应缴纳的增值税等。同时,温州市将加大对创业失败大学生的扶持力度,建立学分转换机制,支持大学生休学创业;鼓励高校和地方探索建立大学生创新创业风险救助机制,加大对困难大学生的创新创业扶持力度,如采取创业风险补贴、商业补充医疗保险等方式予以支持。

引导社会资本投资大学生项目

在优化创业生态方面,温州市将引导社会资本参与大学生创新创业项目早期投资,助力大学生创新创业项目健康成长;探索建立创新创业投资政府引导基金,建立优质项目库,采取股权投资(不超过 50%)、项目跟投方式带动社会资本投资;完善创新创业成果转化机制,拓宽成果转化渠道,推动企业和大学生创新创业团队加强合作,促进创新创业成果转化和创业项目落地。

《意见》还提出,鼓励教师参与学生创业项目,每年培育师生共创精品项目不少于 30 个,每个项目奖励 5 万元;在校大学生和毕业 5 年以内的高校毕业生在县级以上创业大赛中获得三等奖以上的优秀项目,在温州市落地并正常经营 1 年以上的,按县级、市级、省级、国家级分别给予企业 2 万元、5 万元、10 万元、20 万元的优秀创新创业项目补贴(国家级一等奖的给予 50 万元补贴)。

助力大学生"双创"16 条措施

(1)构建创新创业导师体系;

(2)推进创新创业课程建设;

(3)打造高校创新创业实践基地;

(4)加强大学生创新创业指导;

(5)校企协同培育创新创业人才;

(6)加强大学生创新创业空间供给;

第7章 创业启动资金与股权设计

(7)落实创新创业减税降费政策;

(8)落实创新创业普惠金融政策;

(9)落实创新创业保护救助政策;

(10)推动创新创业服务体系数字化建设;

(11)提升创新创业实践基地带动作用;

(12)引导社会资本支持创新创业;

(13)完善创新创业成果转化机制;

(14)推动大赛优秀项目落地;

(15)积极争取承接各级大赛;

(16)积极培育创新创业大赛品牌。

 思考题

(1)启动资金由哪些组成?怎样测算启动资金?

(2)大学生如何筹集启动资金?

(3)三个朋友合伙创业,你是主要创始人,你可以有哪些股权设计方案?

第8章 创业风险与法务

▶ **本章要点**

(1) 创业风险类型。
(2) 创业风险预防与管理。
(3) 创业法务管理。

四名梦想创业的大学生,每人凑齐5000元,准备在校园附近开一家火锅店。当他们和房屋转租者签订好转让协议,对店面进行装修时,房东突然出现并进行阻挠。20000元创业资金已经花光,但门店却无法开张。

小王是某大学的大三学生,大二时就忙着在学校做市场调查,认为开一家火锅店的价格适中,吃火锅也很受学生群体欢迎。新学期开学不久,他和另外三位有创业想法的同学一拍即合,每人投资5000元准备开店。

校园附近的李老板有三间紧挨着的店面,其中一个门面闲置着。李老板同意以15000元转让这个门面两年的使用权。当时李老板说他有这个门面三年的使用权,但没通知房东房子已经转租给他人,还跟房东说这几个大学生是帮他打工的,以避免房东找麻烦。几名涉世未深的大学生就这样和李老板签下了门面转让协议,并支付了8000元。当他们开始对门面进行装修时,房东闻讯赶来了。房东阻止他们装修,并和李老板发生了冲突。

现在门上挂了三把锁。先是房东挂了第一把锁,接着李老板也挂了一把。小王等人的玻璃货架和物品都被锁在里面,无奈之下他们也挂了一把锁。现在要进入这个门店,需要三方共同在场才能打开。李老板从此也无影无踪,手机不开机,也不做任何解释。房东也不愿意和他们协商,反正房租已经收到了年底。这可苦了这四名大学生,交给李老板的8000元房租,加上门面装修已经花去5000多元,以及进货花去的钱,四人凑的创业资金已经所剩无几。

近日,李老板终于出现,他提出,几个大学生将剩余的门面租金全部交齐,再想办法和房东协商。如果要退回 8000 元房租,必须把已经装修的门面恢复到原状并补偿他两个月的误工费。这些钱来之不易,其中两个家庭条件并不是很好的学生拿出的是自己的学费,他们希望通过创业缓解家庭的经济压力,还有一名学生的 5000 元是从父亲那里软磨硬泡"借"来的。

四名大学生创业者在创业之初没有了解相应的法律规定,在"现实"面前吃了很大一个亏,白白损失了钱。

8.1 创业风险类型

8.1.1 创业风险的概念

创业必然存在一定的风险,但不是所有的创业都是高风险的,许多创业型企业获得成功,就是对"创业就是高风险"的有力反驳。管理学大师德鲁克指出:事实上,因为少数所谓的创业家的无知,缺乏管理方法,违反管理规律,从而给创业精神的发挥蒙上了风险的色彩,高技术创业家尤其如此。由此可见,德鲁克本人承认风险的存在,但认为只要管理得当,是完全可以降低甚至避免风险的。

1. 创业风险的概念

对创业风险的界定,目前学术界还没有统一的观点,大多数国内外学者从所研究的领域或角度来界定,广义的风险指的是由于客体的复杂性、主体能力与实力的有限性、环境的不确定性,而导致某一事项或活动偏离预期的现象或存在偏离预期的可能性。简单地说,风险就是发生不幸事件的概率。

2. 创业风险的特征

虽然不同的创业项目存在的风险不尽相同,但创业风险有一些共同的特征,了解这些特征有助于创业者更好地预测创业过程中存在的风险。

(1) 客观性。

创业风险存在于创业活动的整个过程中,不因人的意志而转移,也没有办法完全消除,伴随着创业活动的始终。

(2) 损害性。

创业风险与创业者的切身利益密切相关,风险一旦发生必然会给创业者的利益带来一定的损害。

(3) 不确定性。

创业风险与时间、空间、损失程度密切相关,但是时间、空间、损失程度又是不确定的,它们是不断变化的,这就造成了风险的不确定性。

(4) 可预测性。

对于单个的创业者或个别创业体而言,创业风险是随机的。但从风险的总体而言,在一定时期内,某种风险发生的概率和损失率是能够用概率原理预测出来的。因此,通过对客观环境的观察,是能够做到对创业风险进行正确预测的。

(5) 可控性。

风险是由一定的客观条件造成的,当客观条件发生变化时,风险及其带来的损失也会发生相应的变化。因此,控制引发风险的客观条件,在一定程度上可以控制风险的发生,或将风险带来的损失降到最低。

8.1.2 创业风险的来源

创业环境的不确定性,创业机会与创业企业的复杂性,创业者、创业团队与创业投资者的能力与实力的有限性,都是创业风险的根本来源。创业的过程往往是将某一构想或技术转化为具体的产品或服务的过程,在这个过程中存在着几个基本的、相互联系的缺口,在给定的条件下的风险往往就来源于这些缺口。

1. 融资缺口

融资缺口存在于学术研究和商业支持之间,是研究基金和投资基金之间存在的断层。

(1) 研究基金,通常来自个人、政府机构和公司研究机构,不仅支持概念的创建,还支持概念可行性的最初证实。

(2) 投资基金,支持将概念转化为有市场的产品原型,这种产品原型有令人满意的性能,创业者对其生产成本有足够的了解并且能够识别其是否有足够的市场。

创业者可以通过研究基金证明其构想的可行性，但往往没有足够的资金将其化为商品，这往往给创业者带来一定的风险。通常只有极少数基金愿意鼓励创业者跨越这个缺口，如富有的个人专门进行早期项目的风险投资，以及政府资助计划等。

2. 研究缺口

研究缺口常常存在于创业者根据自己的兴趣所做的研究判断和依据市场潜力所做的商业判断之间。当一个创业者最初证明一个特定的科学突破或技术突破可能成为商业化产品的基础时，这仅仅是创业者做出的研究判断，在将预想的产品真正转化为商业化产品的过程中，即使其具备有效的性能、低廉的成本和较高的质量，为使产品能从市场竞争中生存下来，仍需要大量复杂且可能耗资巨大的研究工作，从而形成创业风险。而一般创业企业很少会花时间去做这些研究，这就造成了研究缺口。

3. 信息和信任缺口

信息和信任缺口存在于技术专家和管理者（投资者）之间，也就是说在创业中存在着两种不同类型的人：一是技术专家；二是管理者（投资者）。这两种人接受不同的教育，对创业有不同的预期、信息来源和表达方式。

（1）技术专家知道哪些内容在科学上是有趣的，哪些内容在技术层上是可行的，哪些内容根本就是无法实现的。在失败案例中，技术专家要承担的风险一般表现在学术上、声誉上受到影响，以及没有金钱上的回报。

（2）管理者（投资者）通常比较了解将新产品引进市场的程序，但当涉及具体项目的技术部分时，他们不得不相信技术专家。

如果技术专家和管理者（投资者）不能充分信任对方，或者不能进行有效的交流，那么这一缺口将会变得更深，带来更大的风险。

4. 资源缺口

资源与创业者之间的关系就如同颜料和画笔与艺术家之间的关系一样，没有了颜料和画笔，艺术家即使有了构思也无法实现。创业也是如此。没有所需的资源，创业者将一筹莫展，创业也就无从谈起。在大多数情况下，创业者不一定也不可能拥有创业所需的全部资源，这就形成了资源缺口。如果创业者没有能力弥补相应的资源缺口，要么创业无法起步，要么在创业中受制于人。

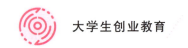

5. 管理缺口

管理缺口是指创业者并不一定是出色的企业家，也不一定具备出色的管理才能。这种类型的创业者进行的创业活动主要有：一种是创业者利用新技术进行创业，创业者只是技术方面的专业人才，不具备专业的管理才能，从而形成管理缺口；另一种是创业者有新的创业思路，但不具备战略规划上的才能，或者是不善于管理具体的事务，从而形成管理缺口。

8.1.3 创业风险的分类

1. 按照风险来源的主客观性分类

创业风险可以分为主观创业风险和客观创业风险。

主观创业风险是指在创业阶段，由于创业者的身体与心理素质等主观因素导致创业失败的可能性；客观创业风险是指在创业阶段，由于客观因素导致创业失败的可能性，如市场变化、政策变化、竞争对手发展等。

2. 按照风险影响的范围分类

创业风险可以分为系统风险和非系统风险。

系统风险也称不可分散风险，是指由于多种因素的影响和变化，导致投资者风险增大，从而给投资者带来损失的可能性。系统风险的诱因多发生在企业等经济实体外部，企业等经济实体作为市场参与者，能够发挥一定作用，但由于受多种因素的影响，本身又无法完全控制它们，其带来的波动面一般都比较大，有时也表现出一定的周期性。非系统风险又称可分散风险，它是源于创业者或创业企业本身的商业活动和财务活动引发的风险。

3. 按照风险的可控程度分类

创业风险可以分为可控风险和不可控风险。

可控风险是指在一定程度上，可以控制或部分控制的风险，如财务风险、团队风险等；不可控风险是指风险的产生与形成不能由风险承担者所控制的风险，如宏观经济政策的变化、政治形势的变化等风险。

4. 按照创业过程分类

创业风险可以分为机会识别与评估风险、团队风险、确定并获取创业资源的风险、创业产品开发风险和创业企业管理风险。

机会识别与评估风险是指创业者在项目选择过程中,由于创业者信息掌握不够全面、能力不足、问题解决不当等客观因素和主观因素,面临创业方向选择和决策失误的风险。团队风险是在团队组建过程中,由于团队成员选择不当或者缺少合适的团队成员带来的风险。确定并获取创业资源的风险是指由于存在资源缺口,无法获得所需要的资源,或者得到所需要的资源对创业活动带来较高的风险。创业产品开发风险是指由于创业是开发一个新产品,在产品开发过程中存在技术转化不好、开发周期过长等风险。创业企业管理风险是指在管理方式、企业文化的选取与创建,以及建立企业组织、管理制度、营销方案等方面存在的风险。

5. 按照风险内容的表现形式分类

创业风险可以分为机会选择风险、环境风险、人力资源风险、技术风险、市场风险、管理风险和财务风险。

机会选择风险是指由于创业而放弃原来的属于创业者的机会,比如在原有职业上所丧失的潜在的升迁或发展的机会。环境风险是指创业活动所处的社会、政治、经济、法律环境等变化,或由于自然灾害导致创业者蒙受损失。人力资源风险是指由于人的因素,对创业活动的开展产生不良影响或偏离经营目标的潜在可能性。技术风险是指由于技术成功的不确定性,技术前景、技术寿命的不确定性等,带来技术转化或技术使用过程中的风险。市场风险是指由于市场情况不确定性导致创业者或者创业企业损失的可能性。市场风险包括产品市场风险和资本市场风险。管理风险是指管理运作过程中,因信息不对称、管理不善、判断失误等影响管理的水平,从而产生的风险。财务风险是指创业者或创业企业在财务支配活动中存在的风险。

 拓展阅读

蓝海战略

蓝海战略最早是由欧洲工商管理学院的 W. 钱·金和勒妮·莫博涅于 2005 年 2 月合著的《蓝海战略》一书中提出的。蓝海战略认为,聚焦于红海战略等于接受了商战的限制性因素,即在有限的土地上求胜,否认了商业世界开创新市场的可能。运用蓝海战略,将视线从超越竞争对手移向买方需求,跨越现有竞争边界,将不同市场的买方价值元素筛选并重新排序,从给定结构下的定位选择向改变市场结构本身转变。红海战略和蓝海战略的比较,如表 8-1 所示。

表 8-1 红海战略和蓝海战略的比较

红 海 战 略	蓝 海 战 略
在已经存在的市场内竞争	拓展非竞争性市场空间
参与竞争	规避竞争
争夺现有需求	创造并攫取新需求
遵循价值与成本互替定律	打破价值与成本互替定律
根据差异化或低成本的战略选择，把企业行为整合为一个体系	同时追求差异化和低成本，把企业行为整合为一个体系

8.2 创业风险预防与管理

案例

由谷歌联合创始人拉里·佩奇(Larry Page)支持的飞行汽车公司 Kitty Hawk 已关闭，对开发飞行汽车这一长期的事业造成了挫折。

经过十多年的努力，总部位于加州的 Kitty Hawk 公司试图将飞行汽车变成现实，但飞行汽车一直未能成功起飞。

思考与讨论

请查找资料，列举至少 5 个类似案例，并与同学一起讨论。

8.2.1 创业风险的防范策略

1. 进行市场调查

在创业之前进行市场调查往往更容易创业成功。因此，一个想创业的人要懂得市场，必须先进行市场调查。只有进行深入细致的市场调查，了解市场需求与发展趋势,才能确定创业者是否具备创业过程的客观条件。

 案例

紫光集团有限公司通过观察、询问及问卷调查等大量的市场调研了解到,随着笔记本电脑的普及和校园无线宽带网络环境的逐渐成熟,笔记本电脑与台式机相比具有明显的移动应用优势,更能满足学生个人学习和社会实践的需求,越来越受到学生用户的青睐。调研表明,作为重要的学习工具,学生普遍希望他们的笔记本电脑能够在保证低价位的同时,兼具高性价比、无线网络接入、拥有更长待机时间。紫光集团有限公司针对学生的实际需求,成功开发了新产品 S200 笔记本电脑,整体外观小巧轻盈,采用超低功耗专用 CPU 和高性价比主板芯片组,并集成了无线网络天线模块,方便扩展该产品进入无线网络的能力,深受学生用户的欢迎。

思考与讨论

一般的市场调研方式和方法有哪些?

2. 慎重选择创业项目

创业之初,创业者最关注的是如何寻找到一个好的创业项目,如何开拓市场,如何获取最大的收益。要想创业成功,选对行业非常重要,当许多人一窝蜂地抢着进入某一行业时,你一定要保持头脑清醒,认真分析此行业面临的机遇和风险。

3. 慎选合作伙伴

创业团队中的合作伙伴的好坏往往能决定创业的成败。这里的合作伙伴,包括股东、共同经营者、员工、加盟总部等。如果选错合作伙伴,双方一天到晚把大量精力耗费在沟通、吵架和冲突之中,事业不垮掉才怪。对团队人员的职责分工,是每个创业者在创业之初就必须加以思考和界定的。如开发创意、制定目标和制订行动计划、确保计划的执行、使企业达到预期的目标等,只能由创业者自身行使。最好在企业创立之初拟定一份书面合作协议对合伙人在企业中的法律地位、权利和职责等问题加以明确规定。

4. 学会理财,随时关注财务变化

学会理财是创业者的重要能力,既要有一个正确的理财心态,又要有好的理财方法,二

者缺一不可。很多创业要随时注意财务状况,账款要能及时巧妙地追讨,很多创业就是因被人拖欠账款而垮塌的。因此你在决定创业之前,最好先学会理财。

5. 学习和了解相关法律知识

国家为了使企业能在公平和谐的环境中,竞争和发展,制定了各类法律法规。这些法律法规具有权威性、强制性、公平性,能切实有效规范企业的经济行为。依法办事是每个企业的责任。

对于一个创业者来说,了解和掌握所有的法律知识是不现实的。其实,创业者只需要了解和创业有直接关系的法律即可。最为重要的是,作为创业者要知道法律不仅对创业有约束的一面,更会为创业企业的顺利发展保驾护航。

8.2.2 创业风险管理

1. 创业风险管理的基本程序

创业风险管理的基本程序包括风险识别、风险评估和风险应对三个阶段。

1)风险识别

风险识别是指在风险事故发生之前,人们运用各种方法系统地、连续地认识所面临的各种风险,以及分析风险事故发生的潜在原因。风险识别过程包含感知风险和分析风险两个环节。创业者要了解客观存在的各种风险,是风险识别的基础,只有通过感知风险,才能进一步在此基础上进行分析,寻找导致风险事故发生的条件因素,为拟订风险处理方案,进行风险管理决策服务。

常见的风险识别方法

1. 生产流程分析法

生产流程又叫工艺流程或加工流程,是指在生产工艺中,从原料投入到成品产出,通过一定的设备按顺序连续地进行加工的过程。该方法强调根据不同的流程,对创业的每一阶段和环节,逐个进行调查分析,找出风险存在的原因。

2. 风险专家调查列举法

风险管理人员对该创业项目、初创企业可能面临的风险逐一列出,并根据不同的标准进行分类。专家所涉及的面应尽可能广泛些,有一定的代表性。一般的分类标准为:直接风险或间接风险,财务风险或非财务风险,政治性风险或经济性风险等。

3. 资产财务状况分析法

按照企业的资产负债表、损益表、财产目录等财务资料,风险管理人员经过实际的调查研究,对企业财务状况进行分析,发现其潜在风险。

4. 分解分析法

分解分析法是指将一复杂的事物分解为多个比较简单的事物,将大系统分解为具体的组成要素,从中分析可能存在的风险。

5. 失误树分析法

失误树分析法是以图解表示的方法来调查损失发生前种种失误事件的情况,或对各种引起事故的原因进行分解、分析,具体判断哪些失误最可能导致损失风险的发生。

2）风险评估

风险评估是在风险事件发生之前或之后(风险还没有结束),对该事件给创业者的生活、生命、财产或给创业企业的运营、管理、发展等各个方面造成的影响和损失的可能性进行量化评估的工作。创业者需要结合对机会风险的估计,努力防范和降低风险。常见的风险评估方法有风险因素分析法、内部控制评价法、定性风险评价法、风险率风险评价法等。

（1）财务风险的防范。

①创业者要对创业所需资金进行合理估计,避免筹资不足,影响企业的健康成长和后续发展。

②要学会建立创业企业的信用,提高获得资金的概率。

③创业者或团队一定要学会在企业的长远发展和目前利益之间进行权衡,设置合理的财务结构,从恰当的渠道获得资金。

④管理创业企业的现金流,避免出现现金链断裂带来财务拮据甚至破产清算的局面。

（2）竞争风险的防范。

①回归到产品本身,产品或服务才是创业者的"护城河"。

②关注竞争对手和用户需求,找到竞争对手的弱点,为用户提供独一无二的产品价值。

（3）技术风险的防范。

①加强对技术创新方案的可行性论证,减少技术开发与技术选择的盲目性,并通过建立

灵敏的信息预警系统,及时预防技术风险。

②通过组建技术联合开发体或建立创新联盟等方式,减少技术风险发生的可能性。

③提高创业企业技术系统的活力。

④高度重视专利申请、技术标准申请等,通过法律手段减少损失出现的可能性。

(4)市场风险的防范。

①以市场及消费者的需求为生产的出发点。

②时刻关注市场变化,善于抓住机会。

③广泛收集市场信息,并加以分析比较,制定有效的市场营销策略。

④健全符合自身产品特点的销售渠道网络。

⑤以良好诚信的售后服务赢得顾客的青睐。

(5)团队风险的防范。

①谨慎选择创业团队成员。

②形成团队的共同价值观和愿景。让所有团队成员对于"创业使命""共同目标"等关键命题达成共识,并用这些共识去指导整个团队和每个成员的行为。

③制定团队规范和团队纪律。用良好的规范和纪律来约束团队的成员。

3)风险应对

风险应对是指在确定了决策的主体经营活动中存在的风险,并分析出风险概率及其风险影响程度的基础上,根据风险性质和决策主体对风险的承受能力而制订的回避、承受、降低或者分担风险等相应防范计划。制订风险应对策略主要考虑4个方面的因素:可规避性、可转移性、可缓解性、可接受性。应对风险有以下4个方面的内容。

(1)规避风险。

规避风险是指通过避免受未来可能发生事件的影响而消除风险。规避风险的办法有:通过公司政策、限制性制度和标准,阻止高风险的经营活动、交易行为、财务损失和资产风险的发生;通过重新定义目标,调整战略及政策,或重新分配资源,停止某些特殊的经营活动;在确定业务发展和市场扩张目标时,避免追逐"偏离战略"的机会;审查投资方案,避免采取导致低回报、偏离战略,以及承担不可接受的高风险的行动;通过撤出现有市场或区域,或者通过出售、清算、剥离某个产品组合或业务,规避风险。

(2)接受风险。

接受风险是指维持现有的风险水平。接受风险的办法有:不采取任何行动,将风险保持在现有水平;根据市场情况许可等因素,对产品和服务进行重新定价,从而补偿风险成本;通过合理设计的组合工具,抵消风险。

(3) 降低风险。

降低风险是指利用政策或措施将风险降低到可接受的水平。降低风险的办法有:将金融资产、实物资产或信息资产分散放置在不同地方,以降低遭受灾难性损失的风险;借助内部流程或行动,将不良事件发生的可能性降低到可接受的程度,以控制风险;通过给计划提供支持性的证明文件并授权合适的人做决策,应对偶发事件,必要时,可定期对计划进行检查,边检查边执行。

(4) 分担风险。

分担风险是指将风险转移给资金雄厚的独立机构。分担风险的办法有:保险,在明确的风险战略的指导下,与资金雄厚的独立机构签订保险合同;再保险,如有必要,可与其他保险公司签订合同,以减少投资风险;转移风险,通过结盟或合资,投资新市场或新产品,获取回报;补偿风险,通过与资金雄厚的独立机构签订风险分担合同来补偿风险。

2. 创业者风险承担能力的估计

创业者在创业过程中,要合理评估创业的风险和自身承担风险的能力,以采取合理的风险管理的办法,减少创业过程中的不确定性,促进创业的成功。创业者承担风险的能力与创业者的心态、个人能力、家庭情况、工作情况、个人收入等紧密相关。对创业者风险承担能力的估计可以从以下 4 个方面进行:

(1) 估计从 0 到 1 过程中可能遇到的风险。

创业是一个从 0 到 1 的过程,在这个过程中,要经历创业项目的选择、产品与服务功能的确定、市场的分析、创业团队的构建与管理等过程,创业者要能够针对不同的创业项目,深入领会创业项目需要经历的各个过程,评估在这些过程中存在哪些创业风险,企业又会面临哪些风险。

(2) 获得解决风险发生所需要的资源。

创业过程中,有一些风险是不可控制的,当风险发生时,创业者要善于整合资源,从不同的渠道获取资源,通过资源整合去化解创业中的风险。创业者从其他渠道获取资源的能力与创业者承担风险的能力正相关。

(3) 创业者用于承担风险的资金。

一般来说,创业者的家庭经济状况和创业者的年龄,会对承担风险的资金有一定影响。刚刚毕业的大学生,资金积累较少,用于承担风险的资金就相对较少;有一定工作经历的从业者,创业前会有一定的积蓄;家庭经济富裕的创业者,用于承担风险的资金会较多。用于承担风险的资金数量和创业者承担风险的能力正相关。

(4)创业者危机管理能力。

创业者危机管理能力影响着创业危险发生时采取的风险控制措施和效果,从而影响着风险带来的损失的大小。创业风险发生的时候,创业者要能够沉着、冷静对待风险,及时采取措施,避免损失进一步扩大。所以创业者危机管理能力越强,承担风险的能力也越强。

3. 基于风险评估的创业收益预测

按照风险报酬均衡的原则,创业者所冒的风险越大,其所获得的收益(一般情况下)应该越高,当创业者合理评估自己承担风险的能力并对风险进行有效防范后,创业者应该对创业收益进行预测,以便将其和所冒的风险相匹配,进行创业风险收益决策。基于风险评估的创业收益预测可以采用以下几个步骤:

第1步:预测不同情况下的收入、成本情况。

创业者针对不同风险的发生进行评估,在发生某些风险的情况下,新创企业收益变化的情况将如何。其中的风险主要体现在两大方面:其一是产品制造成本方面,可能存在成本增加的风险。其二是市场推广方面,因为市场销售量、价格等原因,会带来销售额减少的风险。

第2步:计算风险收益的预期值。

创业者要对第1步中估计的各种收益发生的概率及对应收益情况做出计算,即预期收益＝预期收入－预期成本。通过计算,明确各种境况下的预期收益。

第3步:分析最大风险的收益和创业者风险承担的匹配性。

通过对预期收益的计算,创业者对各种危机发生境况下的创业收益有一定的了解与预估,结合创业者自身的情况,进行决策。

风险防范的思政理念是指:在当今复杂多变的社会中,人们应该具备防范风险的意识和能力,以保护自身利益。以下是一些风险防范的思政理念。

预防为主:风险防范的首要原则是预防为主。人们应该注重日常安全知识的学习和应用,提高自我保护的意识和能力。例如,注意交通安全、防范电信诈骗、遵守法律法规等。

识别风险:人们应该具备识别风险的能力,了解风险的来源和性质,以便采取相应的应对措施。例如,在投资前要了解投资产品的风险和收益,在日常生活中要识别虚假广告和诈骗行为。

及时应对:当风险发生时,人们应该及时采取应对措施,尽可能减少损失。例如,在面对自然灾害时,及时撤离危险区域;在面对突发事件时,及时拨打报警电话求助。

团结协作:风险防范需要全社会的共同努力,需要团结协作。人们应该积极参与社会公益事业,帮助他人防范风险,同时也要注意避免对他人造成风险。

诚实守信：风险防范需要诚实守信，要注重个人品德和职业道德规范。人们应该遵守法律法规，不造谣、不信谣、不传谣，保持诚实守信的良好形象，以提高自身的信誉和公信力。

总之，虽然在创业过程中，风险无法避免，但若是主观上能树立起牢固的思想政治意识，强化预防为主、识别风险、及时应对、团结协作和诚实守信思想认识，对于保护企业自身利益和生命安全，促进社会和谐稳定具有重要意义。

8.3 创业法务管理

新创企业必须考虑法律与伦理问题。

8.3.1 新创企业必须考虑的法律问题

新创企业创建时，创业者必须熟悉和掌握与新创企业相关的法律知识，如知识产权法、劳动法、合同法、反不正当竞争法、产品质量法等。法律法规不仅对新创企业具有约束作用，而且会给新创企业的运营与发展给予法律保护。遵纪守法的企业将赢得消费者的信任、供应商的合作、员工的信赖和政府的支持，甚至赢得竞争对手的尊重，也将为企业营造一个良好的生存发展空间。

1. 知识产权法

知识产权是指人们对自己创造性的智力劳动成果所享有的民事权利，如著作权、专利权、商标专用权等。知识产权法是调整知识产权的获取、利用和保护所涉及的社会关系的法律规范的总称。

1）著作权与著作权法

著作权也称版权，是指作者对其创作的文学艺术和科学作品依法享有的权利。对著作权的保护是对作者原始工作的保护。著作权包括17项权益：发表权、发行权、广播权、汇编权、署名权、出租权、信息网络传播权、修改权、展览权、身影权、保护作品完整权、表演权、复制权、放映权、翻译权和应当由著作权人享有的其他权益。

著作权法是指国家制定或认可的，调整由文学、艺术和科学作品产生的社会关系的法律规范的总和。国务院著作权行政管理部门主管全国的著作权管理工作；各省、自治区、直辖市人民政府的著作权行政管理部门主管本行政区域的著作权管理工作。著作权人行使著作权,不得违反宪法和法律,不得损害公共利益。国家对作品的出版、传播依法进行监督管理。

2) 专利权与专利法

专利权是权利人对其获得专利的发明创造(发明、实用新型或外观设计),在法定期限内所享有的独占权或专有权。

专利法是调整因发明创造的产生而引起的发明人与使用发明的人之间、发明人与其所属单位之间、发明人与发明人之间,在支配和使用该发明创造的问题上所产生的各种社会关系的行为规范,其实质是依照法律确认和保护发明创造的产权。

我国专利的类型有发明专利、实用新型专利和外观设计专利。申请发明或者实用新型专利的,应当提交请求书、说明书及其摘要和权利要求书等文件;申请外观设计专利的,应当提交请求书、该外观设计的图片或者照片及对该外观设计的简要说明等文件。发明专利权的期限为20年,实用新型专利权和外观设计专利权的期限为10年,均自申请日起计算。

3) 商标专用权与商标法

商标是用以区别商品和服务不同来源的商业性标志,由文字、图形、字母、数字、三维标志、颜色组合、声音或者上述要素的组合构成。商标专用权是指商标主管机关依法授予商标所有人对其注册商标受国家法律保护的专有权。商标注册人拥有依法支配其注册商标并禁止他人侵害的权利,包括商标注册人对其注册商标的排他使用权、收益权、处分权、续展权和禁止他人侵害的权利。

商标法是调整企业在商标注册与使用中出现各种问题的行为规范。商标法规定:自然人、法人或者其他组织在生产经营活动中,对其商品或者服务需要取得商标专用权的,应当向商标局申请商标注册。法律、行政法规规定必须使用注册商标的商品,必须申请商标注册,未经核准注册的,不得在市场销售。注册商标的有效期为10年,自核准注册之日起计算。注册商标有效期满,需要继续使用的,商标注册人应当在期满前12个月内按照规定办理续展手续;在此期间未能办理的,可以给予6个月的宽展期。每次续展注册的有效期为10年,自该商标上一届有效期满次日起计算。期满未办理续展手续的,注销其注册商标。

2. 劳动法

劳动法是为了完善劳动合同制度,明确劳动合同双方当事人的权利和义务,保护劳动者的合法权益,构建和发展和谐稳定的劳动关系而制定的法律。

劳动法对劳动合同的订立、劳动合同的履行和变更、劳动合同的解除和终止等内容做了规定。用人单位招用劳动者时,应当如实告知劳动者工作内容、工作条件、工作地点、职业危害、安全生产状况、劳动报酬,以及劳动者要求了解的其他情况;用人单位有权了解劳动者与劳动合同直接相关的基本情况,劳动者应当如实说明。建立劳动关系,应当订立书面劳动合同。劳动合同文本由用人单位和劳动者各执一份。

劳动合同中,一般包含以下内容:

(1) 劳动合同期限。
(2) 工作内容。
(3) 劳动保护和劳动条件。
(4) 劳动报酬。
(5) 劳动纪律。
(6) 劳动合同终止的条件。
(7) 违反劳动合同的责任。

3. 民法典的合同编

民法典的合同编是国家制定的调整平等主体之间合同关系的法律规范的总和。其立法目的是保护合同当事人的合法权益。创业者学习合同法,有利于防止新创企业盲目签约,防止与无签约资格、无履约能力或不讲信用的当事人签约;有利于确保合同内容的合法性与条款的完整性;有利于新创企业获得合同纠纷的主动权。

民法典的合同编对合同订立的主体资格与程序,合同效力的确认,合同履行规则与保全措施,合同的变更、转让与终止,合同违约责任与缔约过错责任,合同争议解决的途径等做了规定。新创企业应建立和完善合同管理机构与制度。创业者应组织管理人员学习合同法,对企业合同进行登记和归档,对合同的签订与履约进行监督与检查。

4. 反不正当竞争法

不正当竞争是指经营者违反法律规定,损害其他经营者的合法权益,扰乱社会经济秩序的行为。反不正当竞争法是禁止以违法诚实信用原则或其他公认的商业道德的手段从事市场竞争行为、维护公平竞争秩序的一类法律规范的总称。

我国反不正当竞争法规定了以下 11 种不正当竞争行为的具体表现形式:

(1) 假冒他人的注册商标;擅自使用知名商品特有的名称、包装、装潢,或者使用与知名商品近似的名称、包装、装潢,造成和他人的知名商品相混淆,使购买者误认为是该知名商品;擅自使用他人的企业名称或者姓名,引人误认为是他人的商品;在商品上伪造或者冒用认证标志、名优标志等质量标志,伪造产地,对商品质量做引人误解的虚假表示。

(2) 公用企业或者其他依法具有独占地位的经营者,限定他人购买其指定的经营者的

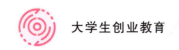

商品,以排挤其他经营者的公平竞争。

(3) 政府及其所属部门滥用行政权力,限定他人购买其指定的经营者的商品,限制其他经营者正当的经营活动。

(4) 经营者采用财物或者其他手段进行贿赂以销售或者购买商品。

(5) 经营者利用广告或者其他方法,对商品的质量、制作成分、性能、用途、生产者、有效期限、产地等做引人误解的虚假宣传。

(6) 通过不正当手段,违法获取、披露、使用或者允许他人使用其所掌握的商业秘密。

(7) 以排挤竞争对手为目的,以低于成本的价格销售商品。

(8) 销售商品时违背购买者的意愿搭售商品或者附加其他不合理的条件。

(9) 采用谎称有奖或者故意让内定人员中奖的欺骗方式进行有奖销售;利用有奖销售的手段推销质次价高的商品;抽奖式的有奖销售,最高奖的金额超过 5000 元。

(10) 捏造、散布虚伪事实,损害竞争对手的商业信誉、商品声誉。

(11) 投标者串通投标,抬高标价或者压低标价。投标者和招标者相互勾结,以排挤竞争对手的公平竞争。

5. 产品质量法

产品质量法是调整在生产、流通及监督管理过程中,因产品质量而发生的各种经济关系的法律规范的总称。其立法目的是加强对产品质量的监督管理,提高产品质量水平,明确产品质量责任,保护消费者的合法权益,维护社会经济秩序。

根据产品质量法的规定,生产者应当承担以下责任和义务:

(1) 应当对其生产的产品质量负责。

(2) 产品或者其包装上的标识必须真实,裸装的食品和其他根据产品的特点难以附加标识的裸装产品,可以不附加产品标识。

(3) 易碎、易燃、易爆、有毒、有腐蚀性、有放射性等危险物品,以及储运中不能倒置和其他有特殊要求的产品,其包装质量必须符合相应要求,依照国家有关规定做出警示标志或者中文警示说明,标明储运注意事项。

(4) 不得生产国家明令淘汰的产品。

(5) 不得伪造产地,不得伪造或者冒用他人的厂名、厂址。

(6) 不得伪造或者冒用认证标志、名优标志等质量标志。

(7) 生产产品时不得掺杂、掺假,不得以假充真、以次充好,不得以不合格产品冒充合格产品。

销售者应当承担以下责任和义务:

(1) 执行进货检查、验收制度,验明产品合格证明和其他标识。

(2) 采取措施,保持销售产品的质量。

(3) 不得销售国家明令淘汰并停止销售的产品和失效、变质的产品。

(4) 不得伪造产地,不得伪造或者冒用他人的厂名、厂址。

(5) 不得伪造或者冒用认证标志、名优标志等质量标志。

(6) 销售产品不得掺杂、掺假,不得以假充真、以次充好,不得以不合格产品冒充合格产品。

因产品存在缺陷造成人身、缺陷产品以外的其他财产损害的,生产者应当承担赔偿责任。由于销售者的过错使产品存在缺陷,造成人身、他人财产损害的,销售者应当承担赔偿责任。销售者不能指明缺陷产品的生产者也不能指明缺陷产品的供货者的,销售者应当承担赔偿责任。

8.3.2 新企业必须考虑的伦理问题

1. 企业伦理的作用

新企业用企业伦理规范企业内部员工之间、企业与社会之间、企业与环境之间的关系,将企业定位在追求经济效益和推动社会进步与和谐发展上,只有自觉维护广大消费者的权益、赢得社会公众对企业的信任,企业才能谋求自身的长远发展。

相反,新企业违反国家法律法规、无视企业伦理准则、不兼顾企业伦理与企业生存,不仅会给消费者和社会带来巨大危害,影响社会伦理风气,而且会极大地影响企业的声誉,甚至使企业陷入严重的危机之中。

2. 新企业基于创建与经营应注意的伦理问题

新企业应注意的伦理问题包括创业者与原雇主之间、创业者与创业团队之间、创业者与其他利益相关者之间的伦理问题。

(1) 创业者与原雇主之间的伦理问题。

创业者在创建新企业之前,在原雇主的企业当雇员,是原雇主企业经营管理团队中的一名成员。随着作为雇员身份的创业者创办企业愿望的驱动,以及自身成为创业者素质与能力的不断提升,加之在日常企业经营中,创业者对原雇主企业所在行业产业特点的了解和掌握,以及产品营销、经营人脉等各种资源的不断积累,出于某种动机,开始创办新企业。

此时,创业者由原来与雇主是利益共同体的关系,转变成为竞争对手的关系,常会出现新企业创业者在未经原雇主允许的情况下,擅自使用原雇主的资源来弥补自己新企业资源不足的情形,如抢夺原雇主的供应商、带走原雇主团队成员、占用原雇主的营销渠道、借用原雇主企业的名义进行各种宣传等。这些行为都是不道德的,而且有悖商业伦理,情节严重的,会因其行为违背相关法律法规和市场经济规则而受到惩罚。

(2) 创业者与创业团队之间的伦理问题。

新企业创业团队建设的目的在于成功地创办新企业,团队成员由为了共同目的、共享创业受益和共担创业风险的一群人组成,团队成员在团队成立初期往往处在新企业高层管理的位置上,会对企业重大问题决策产生影响,甚至会关系到企业的生存。

此时,创业者与团队成员之间常会出现的伦理问题如下。

① 创业者不尊重创业团队成员的合法劳动,延迟发放或克扣团队成员的工资。

② 随意延长团队成员工作时间且无报酬,不主动为团队成员办理社会保险等。

(3) 创业者与其他利益相关者之间的伦理问题。

其他利益相关者是指与新企业经营管理有直接或间接利益关系的组织或个体,如银行、供应商、投资商、企业普通员工、消费者、社区和政府等。新企业在创建过程中,与各种利益相关者形成相互连带关系,常出现的伦理问题有:不按时偿付供应商或其他债权人的账款、不能维护员工合法权益、内部交易、有意识传播企业虚假信息、偷税漏税、串通竞标、破坏社区生态环境等。以上问题不仅损害他人利益,而且也违背企业竞争的公平原则。

思考题

(1) 在特定条件下,创业风险主要来自哪些方面?

(2) 为了有效防范创业风险,可以采取的策略有哪些?

(3) 对于新创企业来说,必须考虑应对的法律与伦理问题有哪些?

第9章 商业模式

> **本章要点**

(1) 商业模式的内涵。
(2) 商业模式的类型。
(3) 商业画布。

苹果模式

2018年8月,苹果公司成为历史上第一个市值突破万亿美元的科技公司,高管接受采访时道出天机:"苹果成功的秘密在于把最好的软件装在最好的硬件里。"苹果公司的成功不是单纯依靠几款产品,而是通过iTunes和App Store平台开创了全新的商业模式,即"手机终端+用户体验+内容",实现了客户体验、商业模式和技术三者之间的平衡,并能持久盈利,独特到别人几乎不能复制。事实证明,苹果模式对其他厂商形成了一定的打击。

一、客户价值

苹果公司不是业界第一个吃螃蟹的人,"钻石多媒体"公司比苹果公司早3年就推出数字音乐播放器。但是苹果公司连出重拳,iPod、iTunes、iPhone App Store、iPad先后改变了传统音乐、手机和出版行业,苹果掌握了硬件、软件和服务的产业关键环节,成为核心企业。

二、盈利模式

苹果公司的主要盈利路径为:一是销售硬件,获得一次性高额利润,这是主要的利润来源;二是销售软件,通过音乐和应用程序等顾客的重复性购买,获得持续利润,凸显运营平台的价值。

两种盈利模式互相加强,形成良性循环。一是卓越的软件和超过10万的音乐和应用程序,无论是iPod、iPhone还是iPad,都比同类产品更具有竞争力。二是卓越的硬件和高销量、保有量,带动应用程序下载,促进新程序和软件开发,拉动更多、更好的内容进入苹果的供应链。苹果控制了这个产业中最核心的也是利润率最高的设计、渠道和销售环节。

三、关键资源

人才资源是苹果公司的关键资源。苹果公司拥有出类拔萃的联合创始人乔布斯,还有一批业界领先、非常有创新能力和完美精神的产品设计和开发人员。一名刚进入苹果公司的设计师年薪在20万美元左右,比行业平均水平高50%。十几年的人才积累,能够为消费者设计出优秀的产品。

苹果公司拥有卓越的制度流程。关键流程包括鼓励创新的公司制度、企业文化和研发管理,确保产品创新具有可复制性和可扩展性,从而不断开发出类似iPhone和iPad这样的产品,也确保能够不断地开辟新的产业领域,并将成功的商业模式复制到这些领域中去。

9.1 商业模式的内涵

现实中,你会发现,尽管大量创业者识别到了绝佳的市场机会、形成了新颖的创业思路并组建了才干超群的创业团队,但仍然会很难获得投资人的认可,以及成长乏力或快速失败,其中一个可能的重要原因便是没有建立起驱动企业健康成长的正确的商业模式。彼得·德鲁克说:"当今企业之间的竞争,不是产品和服务之间的竞争,而是商业模式之间的竞争。"因此,创业者的一个主要任务就是探索并建立与机会相适配的商业模式。那么,什么是商业模式呢?

9.1.1 商业模式的概念

商业模式主要是描述一个组织创造、传递及获取价值的手段和方法。商业模式讲述了新创企业如何通过运作来实现其生存与发展的"故事"。例如,谷歌让普通用户免费使用其

第 9 章 商业模式

搜索引擎,而通过定向广告从企业客户那里获得收益。在网络热潮时期,硅谷的许多创业者曾通过给投资者讲一个好的"故事"而获得了巨额融资。

9.1.2 商业模式的四个维度

为了更深入了解商业模式,我们一般讲商业模式分成四个维度:价值体现、价值创造、价值传递和企业盈利。

(1) 价值体现。

价值体现是指新创企业拟为客户创造并传递的价值。

如何为顾客创造价值? 即顾客的价值主张问题,是在一个既定价格上向其顾客提供能够帮助其完成任务的产品或服务。

(2) 价值创造。

价值创造是指新创企业构建的平台、资源和流程等。

如何为企业创造价值? 即企业的价值主张问题,是在为顾客提供价值的同时又如何为自己创造价值。

(3) 价值传递。

价值传递是指通过相关平台、渠道,将创造价值传递给目标客户群的过程。即使新创企业有巨大潜在价值,如果不能将价值传递出去,也是失败的。

如何将价值在企业和客户之间进行传递? 为顾客和企业都设计了良好的价值,这种价值如何进行传递呢? 从逻辑上讲,只有拥有了独特的顾客价值主张和企业价值主张,才可能去谋求实现这种价值主张的资源和能力。

(4) 企业盈利。

企业盈利是指新创企业获取利润的方式。

商业模式是一个企业通过什么途径或方式来赚钱。比如说,早餐店通过卖早餐来赚钱,快递公司通过送快递来赚钱,网站通过客户的点击率来赚钱,通信公司通过话费和流量费赚钱,等等。但需要注意的是,这个赚钱的方式其实包含了一套复杂的机制。以两家早餐店为例,如果一家专门做互联网外卖,而另一家以堂食为主外卖为辅,这就决定了他们的成本结构、销售渠道等各方面的不同,也就是说,他们赚钱的方式——商业模式是很不相同的。

商业模式需要考虑的 4 个问题,如图 9-1 所示。

图 9-1 商业模式需要考虑的 4 个问题图

以电影产业为例,从制片方角度来看这 4 个问题的答案,如图 9-2 所示。

图 9-2 答案图示

商业模式是用自己的人才、资金和技术等各项资源做出东西,去满足顾客需求的一种方案,一个新的商业模式不一定是在技术上的突破,而是对某一个环节的改造,或是对原有模式的重组创新,甚至是对整个游戏规则的颠覆。重要的是想客户之所想,急客户之所急,提高附加值,做自己最擅长的事。

1. 设计产品要为用户着想

顾客是会精打细算的。拿自己的钱去准确地衡量一个商品的价值,可能是一瞬间的事。所以绝对不能用欺骗手段,要不然会遭到无情的唾弃。

唱片行业正在被颠覆,就是从 CD 为代表的唱片模式向 iTunes 为代表的单曲模式的演变。唱片先是有主打歌,再把四首不怎么样的歌放进去,搭便车,然后用五首歌的钱卖出去,于是大部分人就为了那一首主打歌,付出五倍的钱。由于唱片业的这个模式一直运行得很好,使得那些平庸的产品也有生存空间。但是由于乔布斯 2001 年开了 iTunes 商店,现在花一首歌的钱就能买自己最喜欢的歌,一比较就知道哪种模式更体贴用户。

一个不能满足客户价值的商业模式，即使赢利也一定是暂时的、偶然的，是不具有持续性的。商业模式要时刻关注客户价值，支撑一个生意长期增长并持续盈利的是消费者的选票。

2. 故事要合乎逻辑

有一则寓言说，一个人捡到一个鸡蛋。他就开始打算盘：用这个蛋孵出一只鸡，鸡生蛋，蛋变鸡；变出来很多鸡，再用这些鸡换一头牛，大牛生小牛；然后卖了这些牛，买田盖房，娶老婆……他兴奋不已，一不小心鸡蛋摔到地上，这个人的发财梦就此破灭。一个美好的故事，如果不是基于现实的，迟早是要破灭的。

商业模式重要的不是数据、理论或者知识，而是基本的常识。

9.1.3 商业模式的特征

1. 整体性

商业模式包括目标市场选择，顾客价值定位（主张）、价值生成机制、价值链（网）结构、价值链运动，以及收入模式、定价方式、现金流状况、资源安排等若干要素。环节相互关联，彼此作用，构成一个内部契合、协同的整体。

2. 价值性

商业模式的核心在于价值传递，提供顾客价值创新和延伸的较大空间，为业务和收益的多样化创造了条件。它既为客户创造并传递价值，又为商业伙伴创造合作价值，同时，为股东创造投资价值。

3. 复制性

商业模式具备内外部的适应性，具有较长的稳定期，而不是昙花一现。在基本同等的外部条件下，商业模式可以移植和成倍扩张。好的商业模式一旦运行，就会对关键经营资源（如客户资源）的获取、占有、保持和拓展产生增强效应，从而使竞争优势不断放大和提升。

4. 创新性

创新成果有助于提升商业模式的竞争能力，意味着改变行业竞争规则、打破常规等，带

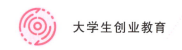

来破坏性创新。商业模式成功运作,快速实现了创新价值,激励并促进了持续的创新活动。

9.1.4 健康的企业商业模式内涵

健康的企业商业模式内涵是指企业应该通过合理的商业模式设计,实现商业价值和社会价值的统一,同时注重自身的可持续发展。健康的企业商业模式应包含以下几个方面。

优质的产品和服务:企业应该提供高品质,提供高性价比的产品和服务,以满足消费者的需求和期望。产品和服务的质量是企业发展的关键,也是企业商业模式的基础。

创新的思维和机制:企业应该具备创新思维和机制,通过不断的创新和改进,推动产品和服务的升级和改进,提高企业的市场竞争力和盈利能力。

合理的商业模式设计:企业应该通过合理的商业模式设计,实现商业价值和社会价值的统一。企业可以通过优化供应链、降低成本、提高效益等方式,实现商业模式的优化和创新。

可持续的发展战略:企业应该注重自身的可持续发展,制定可持续的发展战略,综合考虑企业的经济效益、社会效益和环境效益,实现长期稳健的发展目标。

优秀的企业文化和价值观:企业应该具备优秀的企业文化和价值观,通过企业文化和价值观的传递和传承,提高员工的凝聚力和向心力,推动企业的不断发展和进步。

总之,健康的企业商业模式内涵强调了优质的产品和服务、创新的思维和机制、合理的商业模式设计、可持续的发展战略和优秀的企业文化和价值观的重要性。企业可以通过践行这些内涵,提高自身的市场竞争力和可持续发展能力,实现长期稳健的发展目标。

9.2 商业模式的类型

9.2.1 商业模式的构成要素

商业模式就像一张蓝图,使得策略可以在组织化的结构、流程、系统中顺利实行。一般商业模式包括9大构成要素。不同要素解析了企业如何获取资源及分配资源,以及如何通过营销策略来接近目标消费者。

1. 价值主张

企业通过其产品和服务所能向消费者提供的价值。价值主张确认了企业对消费者的实用意义,如图 9-3 所示。

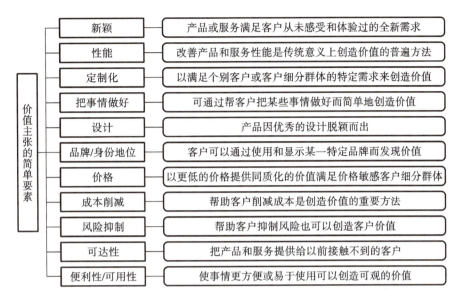

图 9-3 价值主张的简单要素

2. 消费者目标群体

新创公司要瞄准消费者群体。这些群体具有某些共性,从而使公司能够(针对这些共性)创造价值。定义消费者群体的过程也被称为市场划分。

3. 分销渠道

分销渠道阐述了公司如何开拓市场,公司用来接触消费者的各种途径,它涉及公司的市场和分销策略,如图 9-4 所示。

渠道类型			渠道阶段				
			1.认知	2.评估	3.购买	4.传递	5.售后
自有渠道	直接渠道	销售队伍	如何在客户中提升公司产品和服务的认知	如何帮助客户评估公司价值主张	如何协助客户购买特定的产品和服务	如何把价值主张传递给客户	如何提供售后支持
		在线销售					
合作伙伴渠道	非直接渠道	自有店铺					
		合作伙伴店铺					
		批发商					

图 9-4 分销渠道示意图

4. 客户关系

公司同其消费者群体之间要建立联系。客户关系具有多样性、差异性、持续性、竞争性、双赢性的特征。它不仅仅可以为交易提供方便，节约交易成本，也可以为企业深入理解客户的需求和交流，为双方信息交流提供机会。

5. 价值配置

价值配置是新创企业对所拥有的资源的分配以及经营活动的具体安排。

6. 核心能力

企业的核心能力是企业的整体资源，它涉及企业的技术、人才管理、文化和凝聚力等各方面，是企业各部门和全体员工的共同行为。企业核心能力由自身所拥有的与众不同的资源决定，企业需要围绕这些资源构建自己的能力体系，以实现自己的竞争优势。

7. 合作伙伴网络

合作伙伴网络是公司同其他公司之间为有效地提供价值并实现其商业化而形成的合作关系网络。这也描述了公司的商业联盟范围。

8. 成本结构

成本结构是所使用的工具和方法的货币描述。成本结构的具体体现形式是资源配置，就是资源配置到不同的企业活动。

9. 收入模型

收入模型是公司通过各种收入流来创造财富的途径。新创企业销售收入目标向上对接企业发展战略、经营规划，向下确定企业的成本费用水平，是编制年度预算是否准确的关键因素。

9.2.2 商业模式的逻辑

 案例

华为的核心竞争力

一、量力而为，精选市场，认准目标，全力以赴，核心竞争力逐步突显

华为在20世纪90年代制定了进军电信产业的企业发展战略。那时，国内外电信市场的龙头企业已基本垄断了主要产业市场。华为在对国内外的电信市场做了广泛而深入的调查后，清楚地看到了自身实力与这些业内巨头的差距。经过严谨的思考与论证，华为决定要突破层层壁垒，并创出一条介入路径：从低端消费群体入手。华为在做深入的市场调研中，敏锐地发现了这一契机。农村市场虽然个体消费能力有限，但其总量不可小视。同时，随着农村经济的不断发展，这个市场的扩展潜力可谓巨大。于是华为将广大的农村市场锁定为自己的介入及立足点，开发的产品也以适应农村经济实际情况的价廉、实用为特色，与此同时，还配套倾入良好的产品售后服务。终于，华为慢慢地在举步艰难的国内电信市场拥有了一个属于自己的角落。华为最初准确的市场定位，也为其日后向国际市场进军，打下了一个很好的实证基础。华为在长期的市场和产品的开发中，有着较强的把握全局、审时度势的判断力，只要选定市场，华为即会全力以赴，步步为营，终于使华为的品牌先后在非洲、亚洲、东欧、南欧等地区站稳了脚跟，并随即开始向西欧、北美等发达地区的高端电信消费市场推进。如今，华为的销售及服务网络已遍及全球，其强大的企业核心竞争实力已形成。

二、科学管理，理念开放，重视创新，打造精英团队

打破传统，贤才是用，以优质的资源配置、科学的管理理念和宽松的个人发展环境打造企业精英团队，这是华为在发展中有着源源不断的生命力和强大的创新力的根本保障。华为在企业的发展中，经历了太多的起起落落，在一路的坎坎坷坷中，使华为更为清醒地认识到：唯有科学管理，理念开放，重视创新，打造精英团队才能使企业在这个竞争残酷的行业中处于优势地位。

华为从创业初期确定了跨国营销策略起，就确定了以开放的心态建立适合自己企业发展特色的管理文化。一直以来，华为以其独特的激励机制、决策流程、管理规章及企业文化等特长，使其在诸多跨国企业中独树一帜。华为的健康成长，还有一个不可忽略的重要因素，那就是华为拥有一批稳定的、持续增长的研发技术团队，华为为构建这样一支优秀的团队下足了功夫。作为现代高科技企业,华为高度重视企业的研发能力,它坚信:只有提高企业的研发能力,才能从根本上提升企业的竞争实力。长期以来,公司一直坚持每年投入大量资金用于公司新项目的研发,并以此来保证企业的创新实力。

三、独特高效的企业文化,在企业的成长中不断反思、修正、提升

企业文化是现代管理的核心和灵魂,它是指企业在创业和发展过程中形成的共同价值观、企业理想目标、基本行为准则、制度管理规范、外在形式表现的总和。优秀的企业文化可以说是企业良性发展的有力保障,在科技高速发展的今天,企业文化已被视为企业的实力要件,并越来越受到社会各界的重视。

不论企业如何变化,牢守"以客户为中心,以奋斗者为本,长期坚持艰苦奋斗"的信念,是华为在一路成长和发展中,始终能沉稳渡过难关和越飞越高的法宝。而"开放、妥协、灰度"和"开放进取、自我批判、至诚守信"及"坚持以客户利益为首,为客户创造价值"的企业发展核心理念,不但是华为稳健发展的坚实基础,同时也是华为始终能坚持以过硬的产品品质、优秀的技术团队和良好的业内口碑等华为企业核心竞争力的凝聚。

思考与讨论

华为的核心竞争力还有哪些?

商业模式是企业价值创造的核心逻辑,商业模式的逻辑层层递进,如图 9-5 所示,主要表现在以下 3 个方面。

1. 价值发现——明确价值创造的来源

你满足了什么需求或解决了什么问题?价值主题必须明确定义目标用户的问题、独特的解决方案,以及从用户角度来看方案的优势。是否拥有顾客是企业最终能否盈利的关键。创业者在对创意构思、创新产品和技术进行识别和论证的基础上,要进一步明确自己的目标顾客,找到顾客核心价值所在,这是商业模式成功的关键环节。

很多创业者总是喜欢从自己的角度出发,经常忽视价值发现的思考过程,想当然地认为只要生产出产品就有顾客来买,这种错误理念是创业实践失败的重要原因之一。成功的创业实践往往是发现了潜在的顾客需求,然后设计新的产品或服务来满足潜在的顾客需求。

2. 价值匹配——明确合作伙伴,实现价值创造

创业企业的资源相对匮乏,如果自己去筹集和构建满足顾客需求的所有资源和能力,需要花费巨大的精力并面临很大的风险。因此,在机会出现时要想取得先发优势,并将成本和

图 9-5 商业模式的逻辑

风险控制在一定范围内,需要与其他企业合作。合作时要明确合作的具体方式,权责明确,合作共赢,以使商业模式有效运行,实现价值增值。

3. 价值获取——制定竞争策略,获取创新价值

价值获取是企业创造价值的目标,也是创业企业生存下去并获得竞争优势的关键所在。许多创业企业对获取创新价值不够重视,虽然开发出了新技术或新产品,但却没成为创新利益的获得者,最终"为他人做嫁衣裳",失去了"抢占"市场的有利机会。

获取价值的关键因素有两个:一是创业企业要占据价值链中的核心位置,二是尽最大可能保密自己的商业模式细节。一方面,价值链中的不同环节拥有的价值增值空间不同,谁占据了增值空间较大的环节,谁就能获得整个价值链中较大的利益,这对获取创业价值具有直接影响。另一方面,商业模式被模仿将在一定程度上损害创业企业的利益,因此创业企业的创意构想保密的时间越长,占有的创新利益会越大。

价值发现、价值匹配和价值获取是有效商业模式的三个逻辑性原则。创业企业在开发新的商业模式时,每一个阶段都要重视,这样才能开发出符合市场需要的创新性商业模式。

9.2.3 商业模式的类型

商业模式的类型有很多,奥斯特瓦德提出了 5 种类型的商业模式。

1. 非绑定式商业模式

非绑定式商业模式是指一个公司不同类型的业务分离成相互独立的实体。比如,产品创新型业务、客户关系型业务和基础设施型业务不要用同一个组织运行,注重核心竞争力。移动公司将业务分拆,由设备制造商承包网络运营业务,同时与竞争者共享网络。因为品牌和客户关系才是它们的核心竞争力。

2. 长尾式商业模式

这种商业模式的核心,即多样少量。为市场提供大量的个性化需求产品,每种产品销量很小,但是种类多样,总的销售量比较可观。这种商业模式适合库存成本较低和平台较高的企业。乐高玩具曾推出由用户参与设计产品内容的商业模式,即乐高工厂模式。客户可以

在乐高工厂自己组装他们在线订购的乐高套件,也可以自己设计满足个性需求的汽车、主题产品、人物模型,甚至可以自己设计包装,而乐高公司只提供必要的协助。这种商业模式让乐高公司迈出了超大规模定制的关键一步。

3. 多边平台式商业模式

建立平台,将两个或多个类型不同但是又相互依赖的客户群体集合起来,为不同客户之间提供互动通道,然后通过客户间的互动获取价值,并吸引更多用户,成为网络效应。企业在百度搜索引擎页面发布广告,网民搜索类似关键词时,发布的广告会显示在搜索结果中,这种模式对广告主具有极大吸引力。但这种模式,只有很多人使用时才能运转起来。所以百度用一个强大的搜索引擎来迎合第二个客户群体(网民),同时还开发百度地图、百度百科等来进一步扩大覆盖面。

4. 免费式商业模式

公司为一个庞大的客户细分群体提供免费服务,通过参与该模式的其他客户细分群体获取利润。例如,百度地图和360免费杀毒软件,免费式商业模式让它们获得了大量活跃用户,从而可以通过流量赚钱。

5. 开放式商业模式

通过与外部伙伴的系统合作来创造和获取价值,可以将外部创意引入公司内部,也可以将内部的创意和资产提供给外部伙伴。例如,宝洁公司通过网络向退休专家征求知识,IBM公司专门建立了一个平台来收集新的创意。

9.2.4 商业模式的选择与落实

1. 商业模式的选择步骤

商业模式的选择主要是根据企业自身的特点及所具备的资源、能力,企业所处的外部宏观大环境、竞争环境等方面来进行的,具体可以分成以下几个步骤。

(1) 把握外部环境,做出合理假设。

企业应从经济、政治和法律,社会、文化、人口和地理环境,技术和竞争等方面分析影响企业商业模式选择的外部环境因素,对于这些因素的分析,是为了能够对企业所处的外部环境有一个总体性的评价,进而形成较清晰的思路,对企业外部环境做出合理的假设。在这一环节,主要是为了确定企业所面临的机会是什么,又存在着哪些威胁,使企业选择能够趋利避害的商业模式,同时能够抓住环境中的有利机会,发挥企业优势,实现企业价值。

(2) 综合评定企业内部资源、能力。

通过对企业实施全面、客观和深入的分析,从公司财务状况、管理水平、规模与成本优势、技术优势、市场网络、独特的资源、品牌、社会网络、销售渠道、隐性资源、人力资源和特殊的自然资源等内部因素方面,分析企业所具有的优势与劣势,发掘企业中具有价值的资源、能力,发现企业中具有较强价值增值能力的环节,发挥企业优势,避开劣势的决策。在对企业优势与劣势有很好把握的基础上做出企业内部条件的合理假设,根据假设选择能够扬长避短的商业模式。

(3) 提出可供选择的商业模式方案。

在综合分析企业外部环境与企业内部资源能力的基础上,提出能够很好地把握外部机遇以及能够充分发挥企业优势的商业模式备选方案。

(4) 比较商业模式与企业战略发展框架方向是否一致,与战略目标是否匹配。

战略发展框架为企业指明了通向未来之路,战略目标则指明了企业发展所要达到的结果,而实施某种商业模式的目的是能够实现客户价值最大化,进而实现企业价值的最大化,因此,企业选择的商业模式要能够与企业的战略发展框架方向一致,并且要有利于企业战略目标的实现。

(5) 对各种商业模式实施效果进行预测,选定商业模式。

商业模式的差异性导致企业运营的最终结果不同。将备选商业模式方案,按照对企业内外环境的假设做出合理的运行效果的预测,并综合企业高层管理人员对企业发展的意见,选择既符合企业管理层意愿,又能够实现企业战略目标的商业模式方案,并付诸实施。

2. 商业模式的落实阶段

商业模式主要是关于价值的系统,包括如何创造和传递客户价值和公司价值。同时还包括客户价值主张、关键资源和关键流程。那么选定了一个好的商业模式,在公司中也要逐步地去落实,可以参考以下 5 个过程:动员、理解、设计、实施、管理。

(1) 动员——为一个成功的商业模式设计项目做好准备工作。

主要活动是确定目标、测试初始想法、规划项目计划、组建设计团队。

关键成功因素：合适的人员、经验和知识。

主要风险：高估了初始想法的价值。

（2）理解——研究和分析商业模式设计所需的元素。

主要活动是环境分析、研究潜在客户、采访行业专家、研究前人的做法、收集想法和观点。

关键成功因素：对潜在目标市场的深入了解，超越定义传统目标市场。

主要风险：研究过度，研究和目标之间脱节。

此阶段需要对商业模式所在环境做一个细致和彻底的了解，否则很容易受到预先某个想法的影响，导致研究结果不客观。

（3）设计——构建和测试可行的商业模式可选方案，并挑选最佳方案。

主要活动是头脑风暴、制作原型、测试、选择。

关键成功因素：与来自公司不同部门的员工一起设计；透过现状看本质的能力；投入时间，探索多种商业模式。

主要风险：低估或者打压大胆想法、过快"钟情"于某个想法。

主要的挑战是要保持设计大胆和模式新颖的决心。

（4）实施——在实际环境中实施商业模式原型。

主要活动是交流和参与、执行。

关键成功因素：最佳项目管理、快速调整商业模式的能力和意愿、平衡好旧模式和新模式。

主要风险：降低、减弱企业的积极性。

一旦确定了商业模式，就要开始着手如何实施工作。包括确定所有项目，制定各个阶段的里程碑、节点等。

（5）管理——结合市场反馈来调整和修改商业模式。

主要活动是分析环境、持续的评估商业模式、换角度思考商业模式、调整商业模式、配合公司整体战略、处理模式间的协同效应和冲突问题。

关键成功因素：目光长远、积极主动、商业模式的管理。

主要风险：成为成功的牺牲品，满足于现状而未能及时做出调整。

管理阶段意味着需要不断评估模式、审视环境，来理解这种模式在未来长远阶段会受到外部因素怎样的影响。

9.3 商业画布

9.3.1 商业画布的概念

1. 来源

商业模式画布简称商业画布,是由亚历山大·奥斯特瓦德和伊夫·皮尼厄与超过470位参与者共同开发的一种简单易用的商业模式设计工具。

2. 定义

商业画布是一种用来描述商业模式、可视化商业模式、评估商业模式、改变商业模式的通用语言。

商业画布对创业者的重要性在于:催生创意,降低猜测,确保创业者找准目标用户,合理解决问题。

9.3.2 构造板块

1. 九个板块

商业画布由九个构造板块组成(见图9-6),分别为:客户细分(CS)、价值主张(VP)、渠道通路(CH)、客户关系(CR)、收入来源(RS)、核心资源(KR)、关键业务(KA)、重要合作(KP)和成本结构(CS)。

按照以上顺序解读商业画布,可展示新创企业创造价值的商业逻辑。

2. 逻辑关系

(1)创业者基于客户细分认知,设计价值主张,通过渠道通路传递价值,通过客户关系提升价值,从而使企业获得收入来源。

重要合作 谁能帮助我？	关键业务 我要做什么？	价值主张 对他有什么用？	客户关系 如何让他知道？	客户细分 我要帮助谁？
	核心资源 我有什么？		渠道通路 如何给到他？	
成本结构 我要付出什么？			收入来源 我能得到什么？	

图 9-6　九个构造板块

（2）企业为了实现价值主张，投入核心资源，开展关键业务，寻求重要合作，进而形成成本结构。

（3）收入来源能否覆盖成本结构，是检验商业模式是否可持续的基本标准。

3. 商业画布使用流程

（1）探索要素。根据商业画布的每一个板块，探索各种可能的要素。要求：尽量用具体名词，拒绝抽象名词。

（2）贴入画布。分别将各板块要素贴入画布。

（3）逻辑梳理。画布中每个要素的变化都会影响其他要素。创业者要剔除逻辑矛盾的要素，设计出独特的商业模式。

9.3.3　商业画布板块

商业画布包含客户细分、价值主张、渠道通路、客户关系、收入来源、核心资源、关键业务、重要合作和成本结构九个构造板块，下面分别介绍每个板块及其探索要点。

1. 客户细分

1）板块内容

客户细分构造板块用来描绘新创企业想要接触和服务的不同人群或组织,是商业模式的核心板块。为了更好的满足客户需求,按照客户共同的需求、共同的行为和其他共同属性,把客户分成不同的细分群体。

（1）功能。

①细分客户。商业模式可以定义一个或多个客户分类群体。比如,按照地域、年龄、性别、收入、职业、受教育程度和生活方式等对客户进行细分。重点回答:我们正在为谁创造价值？谁是我们最重要的客户？

②差别管理。不同客户群体需要提供不同的产品/服务；不同客户群体需要不同的渠道通路；不同客户群体需要不同的客户关系；客户细分有付费和免费之别；同样是付费客户细分,对收入的贡献可能存在天壤之别。

（2）市场领域。

客户细分存在不同的市场领域。

①大众市场。它是一种聚焦于大众市场的商业模式。其基本假设是客户具有相同的需求和问题,通常采用标准化产品满足市场需求。

②小众市场。它是一种以特定细分市场为目标,以迎合特定的客户细分群体的商业模式。新创企业为了避免与大企业正面冲突,可选择被大企业忽视的一个小市场开始创业,降低创业风险。

③多边市场。它是一种有些企业服务于两个或更多的相互依赖的客户细分群体的商业模式。如信用卡公司既要服务持有者,又要服务商家。

2）画布探索

（1）提问。

谁是你的付费用户？

（2）注意事项。

避免抽象名词,如"客户"或"高消费人群"；尽可能明确到具体对象,如"户外运动爱好者""中小学教师"等。

①填写直接付费用户。比如,做订餐服务,如果你是为餐厅引流,餐厅给你提成,你的用户就是"餐厅"；如果吃客通过网络付费,扣去提成后给餐厅,你的用户就是"吃客"。

②不同用户分别填写。比如,你做快递业务,同时有公司业务和个人业务,需要分开。

③免费模式处理。如果业务"永远免费",跳过。免费是特殊的多边模式,需要探索愿意为免费用户买单的另外一个群体。如果免费仅仅是流量入口,将来会局部收费,请写付费用户。

2. 价值主张

1)板块内容

(1)内容要求。

价值主张构造板块用来描绘为特定客户细分创造价值的系列产品和服务,是商业模式中的驱动因素,也是最重要的环节。

新创企业通过价值主张来解决客户痛点和满足客户需求。价值主张值得创业者花更多的时间去思考和设计。

价值主张通过迎合客户细分群体的需求来创造价值。价值可以是定量的,如价格、服务速度;也可以是定性的,如设计、用户体验。

(2)价值独特性。

可以从以下几个方面探索价值主张的独特性:

①新颖。有些价值主张满足客户从未感受和体验过的全新需求。比如,滴滴出行可以有效解决高效出行体验。

②设计。客户愿意掏钱购买出色的产品(或服务)设计。在时尚和消费电子产品领域,设计是价值主张特别重要的部分。

③性能。改善产品和服务性能是传统意义上价值创造的普遍方法。但是,性能改善也有其局限性。比如,近年来,计算机更快的CPU(GPU)微盘存储空间和更高像素的图像显示,未能在用户需求方面促成相应的增长。

④定制化。定制产品或服务以满足个别客户或细分客户群体的特定需求来创造价值。特别是大规模定制和客户参与制作,尤其被客户认可。比如,尚品宅配在家居定制方面赢得客户认可。

⑤品牌或身份地位。客户通过使用和显示某一特定品牌而发现价值,让客户感到与众不同,身价倍增。

⑥价格。省钱也是吸引客户选择特定服务的原因。免费产品和服务正在越来越多地渗透到各行各业,如报纸、软件、电子邮件等。

⑦成本削减。帮助客户削减成本是创造价值的重要方法。企业可通过削减成本以实现收入增长。比如,租用阿里云服务器,降低设备投入成本。

⑧便利性。为客户节省时间、减少麻烦是一项重要的收益。苹果公司的 iTunes 为用户提供便捷的信息搜索、购买软件、下载资源等服务,并主导了市场。

⑨可达性。把产品和服务提供给以前接触不到的客户是另外一个创造价值的方法。

⑩风险降低。当客户购买产品(或服务)的时候,帮助客户抑制风险,可以为客户创造价值。

2) 画布探索

(1) 提问。

你给用户带来什么好处?

(2) 注意事项。

①避免空泛概念,如"价值"。尽可能明确价值点,如"降低运营成本""降低直接成本"。

②多思考与竞争对手的差异,找到自身独特的价值点。

3. 渠道通路

1) 板块内容

渠道通路构造板块用来描绘新创企业如何沟通、接触目标客户,传递价值主张。

沟通、分销和销售构成新创企业与客户的接口界面。客户接触点在客户体验中扮演着重要角色。

渠道包括自有渠道和借助合作伙伴渠道等。

(1) 功能。

①认知。提升产品和服务在客户中的认知。

②评估。帮助客户评估价值主张。

③购买。协助客户购买特定产品和服务。

④传递。向客户传递价值主张。

⑤售后。提供售后客户支持。

(2) 实体渠道。

常见实体渠道主要有:

①直接销售。企业聘请销售人员拜访最终用户或向转销商销售产品。

②销售代理。企业通过代理机构销售产品。一家代理机构往往代理多家企业的产品。

③分销商。分销商扮演制造商和零售商之间的媒介角色,负责各地铺货和库存管理。

④经销商。经销商需要事先购买产品。企业通常为了保障经销商的利益,在定价上留足经销商的利润空间。

⑤大型零售商。企业通过沃尔玛等大型连锁零售商销售产品,未经小范围成功试销,大型连锁零售商很少贸然推出新产品。试销成功后,企业需支付"上架费"。

(3) 网络渠道。

常见网络渠道主要如下。

①电子商务。通过成熟的电子商务平台或自建企业网站销售产品。

②移动商务。通过手机平台软件销售产品,如微信公众号、小程序、手机 App 等。

③社交媒体。通过微信、微博、QQ、Facebook 等社交网络。

④免费+付费渠道。利用微信、头条、百度等平台精准推送,实现网络平台引流。

  拓展阅读

互联网流量的六种形态

互联网流量的六种形态:

第一种:门户时代的展示广告。

第二种:PC(个人计算机)时代流量分发的中心。

第三种:基于移动 App 分发的应用市场,全球性的代表当属 App Store(苹果应用商店)和 Google Play(谷歌应用商店)。

第四种:流量分发社交媒体时代,如广点通、朋友圈信息流和微博信息流。

第五种:智能时代的 Feed 流(一种呈现给用户并持续更新的方式)模式,最典型的是今日头条。

第六种:商品从支付到物流的完整电商生态流量。

互联网流量的本质

互联网流量的本质是什么?

在互联网圈内,有一句至理名言:你的产品要么赚钱,要么赚流量!。如果我们研究的深入一点,DAU(每日活跃用户)不仅仅只接触到的用户量级,DAU越高,那么应用每天可以接触到用户的数量就越多,就越能通过服务、广告去转化这些用户。而在另一端,应用的形式深刻地影响着这些与用户接触的货币化能力,我们把一个产品抽象成一个黑盒子,每天进入这个黑盒子的就是DAU,产生的就是收入,这些黑盒子可以嵌套起来。

比如对于苹果,App Store就是一个这样的应用,每天有无数的UV进入,这些点击转化为浏览、下载和购买,购买的量直接和点击相关,也和这个黑盒子的结构相关。更大一层,IOS也是一个大黑盒子,每天有许多次的启动,产生无数次的转化和购买行为,只不过这是一个生态,利益由生态里的所有玩家获得。

对于一款具体的App,这款App本身的每日启动次数,就代表着这家店每天有多少潜在消费者的光顾。而这个启动次数又和其内部的每项业务相关,各项业务都可以分解成每日的DAU,和每日的营收,从而就获得了总体的营收。

所以核心问题只有两个:

(1)怎样以更低的价格买入更多用户的注意力?即低成本大规模的获取流量,收割流量。

(2)怎样以更高的效率卖出更多用户的注意力?即实现更高的转化率,增加品类或者提升客单价,这些都是方法。

怎么低成本的获取流量,怎么高质量的卖出流量,这是互联网生意的两个本质。

2)画布探索

(1)提问。

如何让用户知道你?

(2)注意事项

①避免宏观概念,如"市场营销""网络营销"。尽可能明确可视化途径,如搜索排名广告、微信精准推广、现场路演推广等。

②了解客户习惯。创业者应重点调查,认知目标客户的工作、生活习惯,探索有效的途径与方法,并根据有效性进行渠道排序。

4.客户关系

1)板块内容

客户关系构造板块用来描绘新创企业与特定客户细分群体建立的关系类型。

把产品传递给消费者的同时,新创企业也在每个客户细分市场建立和维护客户关系。

客户关系深刻影响着全面的客户体验。

(1) 功能。

维系好客户关系,具有以下功能:

①获取客户。

②维护客户关系。

③客户价值挖掘。

(2) 类型。

①个人助理。基于人与人之间的互动,在销售过程中或者售后阶段,客户可以与客户代表交流并获取帮助。特别是对于重要客户,企业要安排专门的客户代表,建立良好关系。

②自助服务。这是一种与客户不存在直接的关系,为客户提供自助服务的平台。特别是,整合更加精细的自动化模式,能提高客户自助服务的消费体验。良好的自动化服务可以模拟个人助理服务。

③社区。这是一种利用用户社区与客户/潜在客户建立更为深入的联系,促进社区成员之间的互动的平台。

④共同创作。它超越传统客户与商家的关系,让客户参与价值创造。

2) 画布探索

(1) 提问。

你与消费者如何联系?

(2) 注意事项。

①避免空泛管理,如"客户关系管理"。尽可能明确具体做法,如客户微信交流群、客户分享会、营销层级管理等。

②建立用户反馈渠道,发现客户价值、潜在需求。

5. 收入来源

1) 板块内容

收入来源构造板块用来描绘新创企业从每个客户群体中获取的现金收入(需要从创收中扣除成本)。收入来源产生于成功(满足客户需求)的价值主张,是从不同细分客户群体获取的收入。创业者需要弄清楚客户愿意为哪些价值主张付费,提受何种支付方式。

(1) 来源特征。

①一次性收入。通过客户一次性支付获得的交易收入。比如,苹果手机、手表等产品

销售。

②经常性收入。针对产品、服务、售后维修或支持等项目的连续性收费。比如,苹果服务、软件下载。

(2) 来源方式。

①产品销售。最为人熟知的收入来源方式。

②使用收费。通过特定的服务收费,客户使用越多,收费越多。比如,电信运营商按照流量收费。

③订阅收费。来自销售重复使用的服务。比如,在线音乐服务,用户通过按月订阅付费。

④租赁收费。来源于特定资产在某固定时间内的排他性使用权的授权。比如,共享汽车。

⑤授权收费。将受保护的知识产权授权客户使用,获得授权费用。比如,专利授权。

⑥经纪收费。来自为双方或多方之间提供中介服务而收取的佣金。

⑦广告收费。源于为特定的产品、服务或品牌提供广告宣传服务。近年来,互联网平台具有精准推广的能力,广告收入也快速增长。

(3) 定价机制。

每种收入来源都可能有不同的定价机制,不同的定价机制会对收入产生巨大影响。

①固定定价。根据静态变量而预设价格的定价。比如,标价、基于产品特性的定价。基于客户细分的定价、基于客户购买数量的定价。

②动态定价。根据市场变化而调整定价。比如,协商定价、基于库存量和购买时间的定价、实时市场定价、拍卖定价等。

2) 画布探索

(1) 提问。

你有多少种赚钱途径?

(2) 注意事项。

①避免概念性回答,如产品表达应尽可能清晰、准确。例如,某产品销售利润、售后服务费收入等。

②挖掘你的赢利点。

6. 核心资源

1）板块内容

核心资源构造板块是用来描绘新创企业有效运作的最重要因素之一。核心资源是提供和交付价值主张所必备的重要资产，保证商业模式有效运作所必需的资源，是商业模式的基础。

(1) 资源观念。

①核心资源可以是自有的，也可以是从重要的合作伙伴那里获取的。

②不同的商业模式，所需的核心资源也不同。

③创业者要非常清楚创业项目的核心资源所在。

(2) 资源类型。

①实体资产。包括生产设施、不动产、机器、系统、销售网点和分销网络等。

②知识资产。包括品牌、专有技能、专利、版权、合作关系等。知识资产日益成为商业模式中重要的组成部分。知识资产开发难度越大，可以带来的价值空间也越大。

③人力资源。任何新创企业都需要人力资源。但是，在某些商业模式中，人力资源尤为重要。如在知识密集型和创意产业中，人力资源至关重要。

④金融资产。有些商业模式需要金融资产或财务担保。

2）画布探索

(1) 提问。

你拥有或能够获得哪些重要资源？

(2) 注意事项。

①盯住核心资源。需要清晰梳理新创企业的核心资源，包括有形资源、无形资源和人力资源。比如，创业伙伴、启动资金、技术团队、推广渠道等。

②策略性整合资源。不求所有、但求所用，拓展资源视野。

7. 关键业务

1）板块内容

关键业务构造板块用来描绘新创企业为确保商业模式的可行性必须做的事情。如生产制造、产品研发和市场营销等。

新创企业需要运用价值链模型,甄别核心增值环节,确定关键业务模式。它通常包括制造、销售、支持等环节。

(1) 制造产品。

对于制造业而言,生产一定数量或满足一定质量的产品,是商业模式的核心。

(2) 提供方案。

新创企业为客户提供解决问题的新方案。咨询公司、医院和其他服务机构的关键业务都是提供方案。这需要企业有强大的知识管理和业务培训能力。

(3) 提供服务。

新创企业为客户提供独特的服务,以满足客户的消费体验。如网络服务、交易平台、软件服务等都可以看成产品服务。此类商业模式的关键业务与平台管理、服务提供、平台推广相关。

2) 画布探索

(1) 提问。

你的核心任务是什么?

(2) 注意事项。

①避免空泛概念,如融资服务。尽可能列出实现商业模式的核心工作,如运用微贷技术,为小微企业提供间接融资服务。

②拓展价值创造空间。

8. 重要合作

1) 板块内容

重要合作构造板块被用来描绘保证商业模式有效运作所需要的供应商与合作伙伴的网络。

有些业务需要外包,有些资源需要从新创企业外部获得。

(1) 合作类型。

①与非竞争者之间的战略联盟。

②与竞争者之间的战略合作。

③为开发新业务而构建的合资关系。

④为确保可靠供应的供应链关系。

(2)功能。

①达成规模经济。企业与合作伙伴合作,达成规模经济,降低成本。

②降低经营风险。企业建立合作伙伴关系,减少环境不确定性的影响。比如,合作研发,可以摊薄研发费用,降低投入风险。

③获取特定资源。很少有企业拥有所有的资源。企业只有通过合作,才能主动获得某方面的优势。

2)画布探索

(1)提问。

谁能帮助你?

(2)注意事项。

①理清合作思路。根据新创企业的资源、能力,按照轻重缓急列出战略联盟、合资关系、竞争者之间的合作关系等。

②善于借助外力。企业间构建共赢机制,寻求多元合作。

9. 成本结构

1)板块内容

成本结构构造板块是用来描绘运营一个商业模式所引发的所有成本。

获得核心资源、实施关键业务、展开重要合作,都会产生成本。简单地说,成本结构可分为固定成本和可变成本。

(1)构成。

①固定成本。它是不受产品或服务产出业务量的变动影响,保持不变的成本。制造业具有高比例的固定成本的特征。

②可变成本。它是伴随着产品或服务产出业务量的改变而按照比例变化的成本。

(2)关键要素。

①可升级性。可升级性是成本结构和商业模式中的一个重要概念,是指为每个增加的客户提供服务的额外成本逐渐下降而非持续上升。比如,软件公司一旦完成软件开发后,一款软件就可以以很低的成本复制销售,公司为新增客户服务的边际成本几乎为零。

②竞争类型。一是成本驱动。成本驱动的商业模式侧重于在每个环节尽可能降低成本,创新和维持最经济的成本结构。它采用低价的价值主张,最大限度采用自动化和广泛外包。二是价值驱动。某些新创企业专注于价值创造,强调高度个性化服务,满足用户体验。

③竞争优势。一是规模经济,企业享有产量扩充所带来的成本优势。二是范围经济,企业由于享有较大经营范围而具有的成本优势。比如,大型企业同样的营销活动可支持多种产品。

2)画布探索

(1)提问。

你需要多少成本?

(2)注意事项。

①避免笼统预算,如启动资金、流动资金;尽可能按照业务模式测算投入预算,如采购设备清单及费用、采购材料清单和费用、员工工资等。

②根据业务运作,核算分类成本,然后汇总。切忌遗漏。

③员工工资是新创企业最大的成本。

 拓展阅读

创业思路决定企业的出路

饮料公司靠卖饮料赚钱;互联网公司靠顾客的点击率赚钱;商场采购商品之后,加上自己员工的服务费,再把商品卖给顾客赚钱。

做生意往往始于某种契机,有些初涉商场的人,通过媒体或别的方法了解到一项致富信息后,内心激动不已,不加多想就贸然投资进去,结果失败了。巴菲特说:风险来自你不知道自己正在做什么。他说他只买自己能够理解的股票。话是这么说,但贪婪往往让人们失去防备之心。对大多数人来说,风险一旦伴随着机会同时出现,谁还会在乎那个风险?

靠基本的常识并不能保证生意会成功,但是如果没有它就注定会失败,起码自己要了解生意的内容,就是商业模式,包括做什么,怎么做以及赚多少。

做什么，就是提供什么样的产品。知道卖什么，还要知道顾客、竞争者，以及生意伙伴是谁。怎么做，就是从哪里入手材料，用什么方式做，怎样卖出去。要赚多少，就是各个环节的价值链，有必要查一查材料的费用，制造成本以及卖多少钱，顾客才会愿意买。只要自己心里清楚三个要素，不一定要把计划整理到数十页的演示文稿，那些是借钱的时候给投资者看的。

有些模式是后来总结出来的，比如银行贷款业务的诞生是因为剩的钱多可以用。有些模式是事先编写好的，比如，推特的灵感来自一家短信的群组服务，创始人杰克·多西想把它扩展成随时随地都能更新的功能，在脑海中酝酿了五年。有些模式是边做边找的，比如，丰田汽车从自动织机到汽车工业，通过拆装一台德国汽车，花了两年时间，研制出一辆简易汽车。

其实，创业最需要的不是资金，也不是人才，而是一个好的思路。没有资金，可以借来；没有人才，可以招来；而没有一个好的思路，就很难找来资金和人才，创业思路决定企业的出路。

小结

商业模式描述了企业创造价值、传递价值和获取价值的基本原理，具有整体性、价值性、复制性和创新性的特点。商业画布是一种用来描述、可视化、评估、改变商业模式的通用语言，包含客户细分、价值主张、渠道通路、客户关系、收入来源、核心资源、关键业务、重要合作和成本结构等板块。

商业画布基本逻辑在于：基于客户细分认知，明确价值主张，不仅通过渠道通路传递价值，而且通过客户关系提升价值，从而获得收入来源。为了实现价值主张，投入核心资源，开展关键业务，寻求重要合作，形成成本结构。收入来源能否覆盖成本结构，是检验商业模式是否可持续的基本标准。创业者根据每个板块的内容，尽可能具体探索板块要素，拒绝空洞、抽象的名词或概念，剔除存在的矛盾因素，做好产品的持续迭代，设计出独特的商业模式。

思考题

(1) 商业模式的概念和特征是什么?

(2) 商业模式画布的主要板块包括那几大部分?

(3) 简述商业模式画布的基本逻辑关系。

第 10 章　创业计划书

> **本章要点**

（1）全面认识创业计划书。

（2）编制创业计划书。

（3）有效推介你的创业计划。

10.1　全面认识创业计划书

10.1.1　创业计划书概述

1. 创业计划书的定义

创业计划书是项目或拟创企业或在创企业为实现一定的商业目标，根据一定的格式和内容的要求，编制的展示目前状况、未来发展潜力的文本材料。

2. 创业计划书的类型

创业计划书的类型有：作为企业发展规划的创业计划书、作为寻找合作伙伴的创业计划书、作为申请银行贷款的创业计划书、作为争取政府支持的创业计划书、作为争取风险资金的创业计划书、作为参加创业大赛的创业计划书。

（1）作为企业发展规划的创业计划书。

随着社会经济发展的社会化、现代化进程，以及宏观经济的急剧变化，从客观上要求企业具有长远的战略观点，编制的创业计划书可作为若干年的企业发展规划指南。

(2) 作为寻找合作伙伴的创业计划书。

企业有时需要吸引合作伙伴加盟,吸引一个合伙人的难度应该不亚于融资,目标人员肯定要详细地对公司进行了解,了解公司的过去、现在和未来,这时候创业计划书就成了一个最合适的文件。

(3) 作为申请银行贷款的创业计划书。

企业为了生产经营的需要,向银行贷款。对于银行来讲,初创企业的经营风险太大,为这类企业提供贷款,银行一般也要求创业者先提供创业计划书进行综合审核。

(4) 作为争取政府支持的创业计划书。

目前,政府在扶持创业方面,出台了一些政策,设置了专项扶持资金、贷款、无息借款、奖励等,申领时需按要求提交创业计划书,作为必要的文件。

(5) 作为争取风险资金的创业计划书。

创业计划书是吸引投资人关注的敲门砖,投资人或机构一般都要求创业者提供创业计划书,并对计划书进行评价和筛选,通过对团队、商业模式、未来市场进行综合评估,选择最有发展潜力的企业进行投资。

(6) 作为参加创业大赛的创业计划书。

目前,政府、企业、社会组织、高校会举办各种创业计划大赛,参加大赛,需提供符合要求的创业计划书。

10.1.2 创业计划书的作用

1. 有利于发掘企业内部资源

(1) 梳理作用。
(2) 指导作用。
(3) 激励作用。

2. 有利于整合企业外部资源

(1) 宣传作用。
(2) 推销作用。

10.2 编制创业计划书

10.2.1 创业计划书的核心内容

创业计划书的内容和格式不是千篇一律的,创业项目不同,创业计划书的内容也不尽相同,但其基本结构都是大致相同的。

1. 封面和目录

封面的设计要美观,具有艺术性,一个好的封面会使阅读者形成良好的第一印象。

封面应该包括公司名称、地址、联系信息、日期以及核心创业者的联系方式等内容,如果公司有网站则还应包括网址。联系信息应该包括固定电话号码、电子邮件地址和移动电话号码,并应放在封面顶端中间位置。封面底部可以放置如警示阅读者保密等事项信息。如果公司已经有独特的商标,可以把它放在靠近封面中心的位置。目录应接在封面后,它列出了创业计划和附录的组成部分及对应页码。

2. 执行概要

执行概要是整个创业计划书的"快照"。在某些情况下,投资者可能会先阅读执行概要,认为有足够说服力时,投资者才会去阅读详尽的创业计划书。创业者在撰写执行概要时,务必要记住:执行概要并非创业计划书的引言或前言,恰恰相反,它是整个创业计划高度精练的概述,无论如何,你都要让它成为最打动人心的部分。

本部分篇幅不能超过两页,要待创业计划书的全部内容撰写完毕才能动笔,但要置于全文开头。执行概要最简明的格式是在逐项基础上提供对创业计划的总览,内容主题应该是以创业计划中相同顺序来描述。

3. 企业描述

创业计划书的主体部分,从对企业进行总体描述开始。尽管企业描述部分看上去不太关键,但它却是极其重要的。它向创业计划书审阅者展示如何将创意变成一家企业。这部分的目的不是描述整个计划,也不是提供另外一个概要,而是对你的公司做出介绍,因此重点是你的公司理念和如何制订公司的战略目标等。

企业简史部分应该简明,但要解释企业创意来源以及企业创建的驱动力量。

使命陈述部分阐明企业专注于什么,需要清楚地说明企业创建的目的。

产品或服务部分应该包括对产品或服务的解释,以及在市场中的定位。这部分要比执行概要所写的内容更详细。当前状况部分应该显示创业项目进展到了何种程度。另外,企业描述还应包括法律状况与所有权,以及企业是否拥有某些关键的合作关系。

4. 市场分析

行业分析需要考察企业试图进入的产业,如产业规模、增长率和销售预测等,在企业选择目标市场之前,充分理解所在行业内新兴领域是什么。市场分析的首要任务则是细分企业即将进入的产业,然后识别特定的目标市场。市场细分是将整个市场划分为不同部分的进程。市场可以根据许多方式来细分,比如地域、人口统计特征、心理变量等。市场分析还应包括目标市场的消费者行为相关内容,初创企业越了解目标市场的消费者,就越有可能使产品或服务适合消费者需求。市场分析也应该包括竞争对手分析,这有助于企业了解主要竞争对手的行业地位,也向创业计划书审阅者表明,你对企业竞争环境有全面的理解。市场分析要求严密、科学,提供的数据要翔实可信。

5. 产品服务

产品介绍是创业计划书中必不可少的一项内容,本部分要精确地描述产品或服务的名称、特征、功能等,要对产品或服务的成本、定价依据、利润等情况进行说明。还要详尽地叙述产品的消费者:哪些人使用产品,用它们来干什么,为什么要用你的产品或服务。描述要求准确、通俗易懂,能使非专业的投资者明白,没有必要介绍太多的技术原理和内容,可以附带产品原型图片等以加深读者对产品的印象。

如果研发出全新的产品或服务,则要在创业计划书中说明研发工作的情况。首先,要描述产品或服务开发的当前阶段;其次,要进一步描述产品或服务所处的发展阶段,并提供后续步骤的进度安排;最后,应说明企业拥有的或打算保有的专利、商标、版权或商业秘密等。

6. 营销计划

营销计划主要描述新创企业将如何制订整体营销战略,以达到预期销售目标的状况,投资者从营销计划可以看出企业进入市场的能力。企业营销计划首先要清楚地阐明营销战略、定位和差异化,关注企业如何宣传和销售它的产品或服务,然后讨论它们如何被价格、促

销组合、销售流程和分销策略所支撑。

7. 管理团队和组织结构

许多投资者和创业计划书审阅者会首先浏览执行概要,然后直接翻到管理团队部分,以评价企业创建者的实力。投资者阅读过的有创意、有市场的创业计划书,远多于他所能资助的数量,因此,对管理团队的呈现是赢得融资支持的重要部分。新创企业管理团队通常包括企业创建者和关键管理人员。创业计划书应该提供每个管理团队成员的个人简介,并显示他为何能够胜任该职位,为何能对企业成功做出特殊贡献。关键管理团队成员的完整简历,可以作为附录置于创业计划书末尾。

即使是一家初创企业,你也要概述企业当前的组织结构,以及成长过程中企业结构将会如何变化。企业的内部结构具有重要意义,信息沟通和责任权属链条要清晰明确,可以加入一张组织结构图,对企业内职权与责任如何分配进行图形化描述。

8. 运营计划

企业如何运作,以及产品或服务如何生产,必须取得某种平衡。既要充分描述运营内容,又不能提供太多细节。这部分内容最好短小精悍。

阐述企业如何运作。首先,要描述企业在最重要事务方面的一般运营方法;其次,可以按照"前台"工作(顾客能看见、体验到的活动)和"后台"工作(现场之外的活动)分别讨论它们的情况,运营计划部分还应该根据创业项目性质描述企业的地理位置,在有些情况下,位置是非常重要的因素;最后,如有涉及的,可以提及企业的设施与装备,你可以列出最重要的设施与装备,并简要描述它们是如何获得的。如果你要生成产品并打算外包制造服务,你也应该评述外包生产如何完成。

9. 财务规划

一份好的财务规划可以帮助企业降低经营风险,增强风险企业的评估价值,提高企业获取资金的可能性。如果说整份创业计划书是创业者在筹资过程中所做事情的整体概括,那么财务规划则是创业计划书的臂膀,它涵盖了整个创业计划,并用财务数据将其表现出来。

财务规划首先要有历史经营状况数据,创业者应提供过去三年的现金流量表、资产负债表和损益表。在此基础上,论述未来 3~5 年的生产运营费用和收入状况,将具体财务状况以财务报表形式展现出来。预计财务报表同样包括预计收益表、预计资产负债表和预计现金流量表。预计财务报表是财务规划部分的核心内容。尽管制备财务报表好像是件费时费力的事,但如果你的创业计划书的其他部分很完善,那么它实际是非常简易的过程。此外还可以通过财务报表的有关指标的比率计算,分析企业财务状况和经营成果,了解企业发展前景。

10. 风险应对

分析企业可能面临的诸如技术、市场、管理、政策、经济等方面的风险和问题,提出相应的、合理有效的规避方案等。风险分析不仅能减轻投资者的疑虑,让他们对企业有全方位的了解,更能体现管理团队对市场的洞察力和解决问题的能力。

11. 附录

不适宜放入创业计划书正文的所有材料都应放在附录中,如高层管理团队的简介、产品或产品原型的图示或照片、过往具体财务数据和市场调查计划等。附录不宜过长,仅需要那些不宜放在创业计划书正文而又十分重要的材料。

10.2.2 创业计划书的编写原则

投资人对企业及其领导的第一印象就是创业计划书的包装。由于投资者一年差不多要看超过 1000 份创业计划书,所以创业者可能花了很长时间完成的创业计划书,投资者可能只花不到 5 分钟就决定是否批准你的申请。如果你不能在这关键的 5 分钟内给他们留下积极的印象,你的申请就会被驳回。只有通过了最初的粗略审查,你的创业计划书才有可能入围,被仔细研究。

撰写创业计划书有一些重要的原则。请务必记住,创业计划书往往是投资者对创业项目的第一印象,如果计划不完善或漏洞百出,很容易让投资者猜测项目本身也不完善或有缺陷。在将创业计划书送交投资者或者其他任何与新创企业有关的人审查前,要留意创业计划书的结构、内容和类型。

编写创业计划书要注意以下原则。

1. 市场导向

要充分认知企业的利润来自市场需求,没有依据明确的市场分析,所写的创业计划书将是空泛的、无说服力的。因此,创业计划书必须按照市场导向的观点来撰写。

2. 客观实际

一切数据要尽量客观、实际，切勿凭主观进行估计。通常，创业者容易高估市场潜力或回报率，而低估经营成本。在创业计划书中，创业者应尽量呈现出客观、可供参考的数据与文献资料。因此，在写创业计划书前，应准备好市场调查报告、财务数据分析、具体运营案例等资料，前期资料准备得越充分越完整，创业计划书的编制越能有理有据，客观实际。

3. 呈现竞争优势与投资利益

创业经营计划不仅要将资料完整陈列出来，更重要的是整份创业计划书要体现出具体的竞争优势，并明确指出投资者的利益所在。同时，要显示创业者获取利润的强烈意图，而不仅仅是追求企业的发展而已。

4. 呈现经营能力

要尽量展现经营团队的企业经营管理能力与丰富的经验背景，并显示对于该企业、市场、产品、技术，以及未来经营运作策略已有完全的准备。

5. 语言平实，通俗易懂

尽管有的项目包含高新技术，对项目的分析需要用到一些专业术语，但在内容的表述上也要做到通俗易懂，一味追求高深、玄妙只会将投资者拒之门外。事实上，只有少量的技术专家会在意复杂的技术原理，许多投资者完全不懂技术，他们喜欢简单通俗的解说，排斥术语和行话。创业计划书可以适当配以图表，以图文并茂的形式将内容形象化、直观化。

6. 一致性

整份创业计划书前后基本假设或预测估算要相互呼应，也就是前后逻辑要合理。受创业者精力、计划书篇幅、完成时间等因素的影响，一份创业计划书通常由多人合作完成，难免存在体例不一、风格迥异、结构松散等问题。为了创业计划书的完美，最后应由创业团队中的某一个人统一定稿。

7. 明确性

要明确指出企业的市场机会与竞争威胁，并尽量以具体资料作证。同时，分析可能的解决方法，而不只是含糊交代。另外，要明确所采用的任何假设、财务预估方法与会计方法。

同时,也应说明市场需求分析所依据的调查方法与事实证据。

8. 完整性

创业计划书应完整地包含企业经营的各项职能要点,尽量提供投资者评估所需的各项资料信息,并附上其他参考佐证的资料。但要注意,用词应以简单明了为原则,切勿烦琐,过于冗长。

总之,创业计划书的写作有一定的原则可依,有一定的技巧可讲,但并不意味着所有的创业计划书是千篇一律的。项目不同、用途不同,创业计划书的内容和结构也可以有所不同,创业计划书同样是个性的体现。尽管如此,成功的创业计划书还是有一些共同的特征的,即客观真实,有效可行,创新性强,讲求逻辑。

 扩展训练

编制创业计划书

班级学生自由组合成创业团队,每个创业团队有5~7人,最好知识、能力、性格等方面互补,遵循创业计划书的编写原则,完成一份创业计划书的撰写,将创业计划构想发展成为创业项目的策划方案,要求包含创业计划书的基本要素与内容、文字简洁、语言流畅。

具体流程如下。

(1) 创业计划构想。

每支创业团队经头脑风暴后,形成各自的创业计划构想,并对创业计划构想进行细化,形成一个比较完善的创业项目。

(2) 市场调查。

(3) 准备一份1~2页的客户调查纲要,提供一份用过的调查和调查方法的描述。确保能获取大量的信息,包括:潜在客户的数量、他们愿意支付的价钱、产品或服务对于客户的经济价值。

(4) 确定你的潜在竞争对手并分析行业的竞争环境。分销问题如何解决?形成战略伙伴的可能性有多大?谁是你的潜在盟友?要求完成一份1~2页的竞争者调查总结。

(5) 文档制作。

每个创业团队进行创业计划书的制作及演讲,其他团队进行点评和讨论,教师对学生的路演展示进行总结。

 案例

这样的创业计划书会被投资者扔掉!

有投资者曾尝试去了解为什么大部分的创业计划书不被采用,他通过多年与创业者和创业企业的合作,从成千上万份创业计划书中,寻找到了让它们丧失吸引力的共同特征。结果是,有5种常见类型的创业计划书会很快被扔进垃圾桶,不会被多看一眼。

1. 我们公司是这个样子的,不要担心客户面临的问题

在这种创业计划书中,创业者很迷恋他的技术优势。计划书一开始不是指出要解决潜在客户面临的问题,而是详细解释他的技术原理、为什么会领先、这个技术是如何比目前的其他技术更好、更快、更便宜。因此,这种创业计划书通常只有那些已经对特定的技术领域很熟悉的人才看得懂,但糟糕的是,有经验的投资者知道,先进技术并不是总能在商业上获得成功。

这种自以为是的创业计划书给投资者表达了一个清晰的信号:创业者把优先次序搞混淆了。比伟大的技术或创意更重要的是,技术或方案能够解决客户面临的问题或麻烦。

好的创业计划书一开始就明确定义公司的产品或服务要解决客户的什么问题(真正麻烦或引人关注的问题),并有市场研究、证明、购买意向等材料证明,这种问题是真实存在的。如果你能说服投资者认同这个问题是真实的,他们就会被吸引,至少是暂时被吸引,他们也想看看你是否找到了一个解决的方案。下一步,确定哪些客户面临这种问题,即使初始的目标市场很小。投资者知道,如果在初始目标市场能够站稳脚跟的话,随着公司的成长,细分市场的成功可以成为进入其他市场领域的平台。

2. 拿出一堆二手数据

有的创业计划书拿出一堆二手数据,想展示出一个巨大的、高速发展的市场。创业者会假定公司将获得一定的市场份额——比如1%、10%、30%等。创业计划书上会这么写:"当然,由于市场中有巨大的客户基础,我们很容易就能获得足够的客户。我们只需要很小的份额就能成为一家很棒的公司。"这样的计划书表明创业者并不确定自己的初始市场定位。相对于要在一个容量巨大的市场中获得一个小的份额来说,在一个清晰定位但容量不大的市场中,更容易获得较大的份额。而且,要进入一个新的市场,需要获得客户的认知,要有销售系统。

"每个孩子一瓶可乐"的计划忽略了这些环节,这些创业计划都忽略了最困难的工作——制订策略提升市场认知度、获得客户购买意愿、建立销售系统等,更不要说对应的费用支出了。

这种创业计划书给出的信号就是创业者不愿意从公司的电脑走出来,没有跟潜在的客户进行沟通。跟客户进行沟通是很辛苦的事情,但是这不仅可以给创业计划书的写作带来各种好处和认识,对于公司的业务本身也有很大好处。这种沟通可以发现客户的真实需求,有利于公司对产品进行针对性的调整和完善。

也许你可以找到一些二手数据,支持你关于市场容量、市场发展走向等方面的观点。所有这种数据要注明来源,以证明数据本身和你本人的可靠性和可信度。但这只是开始,你还需要从你与客户的沟通和调查中获得一手数据,这样才能证明客户购买你的产品的可能性。

还可以做些实验,比如市场测试。在写创业计划书之前,验证的假设越多,就越有说服力。但是要注意:如果你把所有的东西都验证了,才开始写创业计划书,机会可能就丧失了,有人可能已经赶在你的前面占领市场了。

创业计划书中每一个陈述都要有证据支持,如果没有,就删掉它。

3. 看看我们的(预测)利润

这可能是最难发现的一种有问题的创业计划书。这种创业计划书通常有一个详细的 Excel 表格,说明这些数字是怎么来的。这也是为什么这种计划书很难被投资者发现问题——因为这些数字看起来有可行性。有个创业者说过:几瓶啤酒和一个 Excel 表格,你就能迅速挣一堆钱。或者说,看起来是这样。

有经验的投资者不仅会把你的 Excel 表格撕得粉碎,还会用一堆问题考问你:收入模式是大量小额交易,还是少量大额交易?净利率是依靠高毛利来抵消高额研发成本,还是低毛利低成本运营?是否需要大量固定资产投资(如生产设施)?运营资金周转是否有利(可以预收吗)?是否需要维持库存和应收账款并占压现金(生产和分销业务)?上面这些因素的某种合适的组合会有吸引力,有些组合则从一开始就是有缺陷的。

4. 我们的团队很牛

投资者不会被创业团队的顶级文凭、过去大公司的工作经历所蒙蔽,他们首要关注的是某个行业面临的主要挑战,以及你的团队是否有经验应付这样的挑战。概括来说,决定企业成功的关键因素通常都会有几条,如果处理好了这些,其他不重要的因素即便处理不好也不会影响企业成功。比如,对于零售行业来说,选址就是一个关键因素。

在创业计划书中,阐明决定企业成功的关键因素,并展示出团队成员的专业能力和经验,跟这些因素是匹配的,这样就很有可能吸引投资者的注意,至少会让他们多看几眼。

在这里,实话实说也有帮助。

有意思的是,创业计划书指出管理团队缺少的关键技术或能力也没有问题,告诉投资者你的团队的不足,可以让投资者推荐一个他喜欢的、合格的人来弥补这个缺陷。

能够成功获得融资的创业计划书中,通常包含一个或多个团队成员有过失败的创业经历,如果能从这些失败经历中学到一些经验教训,那么对于投资者来说,这个过程会被看成是别人帮着交了学费。

5. 什么都很好

那些最常见的和最先被扔进垃圾桶的创业计划书中,创业者写的全是好话,找不到自己公司和业务有任何问题。

投资者知道,在现实世界中,大部分的商业机会,即便是很好的机会,也会有一些缺点。通常,对于早期公司来说,客户是否愿意购买或者是否愿意承受设定的价格都不清楚。另外,在现在全球经济产能过剩的背景下,大部分行业并不是机会无限。

思考与讨论

还有哪些创业计划书会被投资者扔掉?为什么?

10.3 有效推介你的创业计划

在完成创业计划书后,下一步任务是如何使用创业计划书。如果你的创业计划书能引起一位投资者或银行家的兴趣或者参加创业大赛,你通常需要对自己的创业计划书进行口头介绍。这时,你应该做好充分准备,充满信心,泰然自若地向他人推荐你的创业计划。

10.3.1 如何准备创业计划书的推介

当你向他人口头介绍自己的创业计划书时,首先要考虑如何准备这项任务以及如何进行一次精彩的演讲。你怎么向他人展示自己以及你与演讲对象的互动方式与计划书本身一样重要。当你向他人介绍你的创业计划时,你的观众不仅仅只关注你的计划书,他们同样关注你和你的团队。你怎样推荐自己、你的面部表情、你的幻灯片是否清晰、你怎样应对困难问题,以及你的一些其他特征,对于你的观众或评委来说都是评判你是否是个有效经营者的线索。所以,如何有效地准备和推介创业计划书至关重要。

准备创业计划书演讲要注意以下几个方面。

(1)尽可能多地收集你演讲对象的信息。投资者关注的可能是创业项目的发展速度及预期收益率;银行家关注的往往是企业的现金流是否可以预测,以及怎样最大限度地降低风险;天使投资人关注的可能是其他问题。

(2)了解有关演讲时的注意事项,如发言时间限制、着装要求、名片、演讲场地情况等。

(3)精心制作幻灯片。

10.3.2 创业计划书的推介方法

进行创业计划书推介的一个重要指导思想,就是不仅要向你的观众传达信息,而且要感染和鼓舞他们。既可以用明显的方式,也可以在不知不觉中感染他们。例如,通过介绍个人经历或传奇轶事向观众表明,为什么你认为你的事业如此重要,并全身心致力于它的成功。

创业计划书演讲包含的主要内容,如表10-1所示。也有人总结出一些创业计划书演讲的模板,这些模板清楚地说明了幻灯片的数目、顺序,以及每页所覆盖的内容。虽然在不同的演讲者之间可能存在很大差异,但是演讲应包含的主要内容大体一致。很显然,你不可能在短短几十分钟的演讲里传递一份25~35页创业计划书中所有的信息。创业者通常犯的错误是准备了太多的幻灯片,他们在15分钟陈述期间急切地翻阅幻灯片。所以,你必须根据创业计划书的内容和要面对的演讲对象进行调整,采用合适的方法,把重点放在观众认为最重要的部分。

一些风险投资者建议创业者在准备创业计划书幻灯片时应遵循"10-20-30法则"。具体而言就是:创业计划书幻灯片不超过10页,演讲创业计划书幻灯片不超过20分钟,演示创业计划书幻灯片使用的字体不小于30号。这个法则用一个词来概括就是"简洁"。

在演讲时,一般你的听众已经人手一份你的创业计划书了,如果你不确定听众是不是人手一份,演讲时最好多带几份创业计划书备用。这在参加创业计划书竞标时尤为重要,也许有些观众是初次听你的计划,很想看看整份创业计划书的内容。

表 10-1　创业计划书演讲包含的主要内容

主　题	解　释
标题	介绍公司名称、创建者名字、公司图标,开始陈述
问题	简述创业项目要解决的问题,或满足的需求
解决方案	解释企业如何解决问题,如何满足未实现的需求
机会与目标市场	阐明特殊的目标市场,讨论推动目标市场发展的业务或环境趋势
技术(供选用)	讨论技术产品或服务的独特方面,注意不要过分以技术方式来讨论,要让描述简单易懂
竞争	着重解释企业的市场竞争优势,企业如何与竞争对手展开竞争
营销与销售	描述总体的营销战略;讨论销售流程;如果你已经进行了客户购买意愿的调查和其他的产品初步调研,在此要汇报调查结果
管理团队	描述现有的管理团队,解释团队如何构建,他们的背景与技能如何对企业成功至关重要
财务规划	简要讨论财务情况,强调创业项目何时获得利润,企业经营达到盈利需要多少资本,现金流何时达到盈亏平衡
当前状况	描述企业当前的情况,不要忽视已有成绩的价值
融资需求	说明你要寻找多少融资,你如何使用这笔资金
总结	结束陈述,概述创业项目与团队最重要的信息,征求听众反馈

思考题

（1）创业计划书主要包括哪几大要素？

（2）创业计划书的编写原则是什么？

（3）创业计划书推介方法有哪些？

参 考 文 献

[1] 张玉利,薛红志,陈寒松,等.创业管理[M].5版.北京:机械工业出版社,2020.

[2] 施永川.大学生现场创业教育[M].2版.北京:高等教育出版社,2020.

[3] 徐小洲.创业概论[M].北京:教育科学出版社,2017.

[4] 李家华.创业基础[M].北京:北京师范大学出版社,2013.

[5] 于晓宇,王斌.创业管理:数字时代的商机[M].北京:中国人民大学出版社,2022.

[6] 斯晓夫,吴晓波,陈凌,等.创业管理:理论与实践[M].杭州:浙江大学出版社,2016.

[7] 徐俊祥.大学生创业基础知能训练教程[M].北京:现代教育出版社,2014.

[8] 李肖鸣.创业基础慕课学习评价手册[M].北京:清华大学出版社,2015.

[9] 朱燕空,罗美娟,祁明德.创业如何教:基于体验的五步教学法[M].北京:机械工业出版社,2018.

[10] 孙洪义.创新创业基础[M].北京:机械工业出版社,2016.

[11] 刘志阳.创业画布:创业者需要跨越的12个陷阱[M].北京:机械工业出版社,2018.

[12] 王占仁.中国创新创业教育史[M].北京:社会科学文献出版社,2016.

[13] 黄兆信.众创时代高校创业教育新探索[M].北京:中国社会科学出版社,2016.

[14] 王志强.研究型大学与美国国家创新系统的演进[M].北京:中国社会科学出版社,2014.

[15] 胡瑞.新工党执政时期英国高校创业教育研究[M].北京:高等教育出版社,2013.

[16] 梅伟惠.美国高校创业教育[M].杭州:浙江教育出版社,2015.

[17] 腾讯互联网与社会研究院.我是90后我是创业家:17个90后的创业故事[M].北京:机械工业出版社,2015.

[18] 中国青年报社KAB全国推广办公室.中国青年公益创业报告[M].北京:清华大学出

版社,2015.

[19] 陈高生,孙国辉.新世纪的国家竞争锐器:高校创业教育[M].北京:经济日报出版社,2012.

[20] 威廉·D.拜格雷夫,安德鲁·查克阿拉基斯.创业学[M].3版.唐炎钊,刘雪锋,白云涛,等,译.北京:北京大学出版社,2017.

[21] 亚历山大·奥斯特瓦德,伊夫·皮尼厄。商业模式新生代[M].王帅,毛心宇,严威,译.北京:机械工业出版社,2012.

[22] 克里斯·安德森.创客:新工业革命[M].萧潇,译.北京:中信出版社,2012.

[23] 杰里米·里夫金.第三次工业革命:新经济模式如何改变世界[M].北京:中信出版社,2012.

[24] 埃里克·莱斯.精益创业:新创企业的成长思维[M].吴彤,译.北京:中信出版社,2012.

[25] 布兰特·库珀,帕特里克·沃拉斯科维茨.精益创业家[M].创业基金会,译.北京:机械工业出版社,2013.

[26] 萨尔曼·可汗.翻转课堂的可汗学院:互联时代的教育革命[M].刘婧,译.杭州:浙江人民出版社,2014.

[27] 克里斯汀娜·埃尔基莱.创业教育:美国、英国和芬兰的论争[M].北京:商务印书馆,2017.

[28] 海迪·M.内克,帕特里夏·G.格林,坎迪达·G.布拉什.如何教创业:基于创业实践的百森教学法[M].薛红志,李华晶,张慧玉,等,译.北京:机械工业出版社,2015.